首都圏版㉞ 使いやすい！教えやすい！家庭学習に最適の問題集！

東京学芸大学附属大泉小学校

2021年度版 **過去問題集**

プリント式!!

すべての問題に
アドバイスつき！

＜問題集の効果的な使い方＞

①お子さまの学習を始める前に、まずは保護者の方が「入試問題」の傾向や、どの程度難しいか把握します。もちろん、すべての「学習のポイント」にも目を通してください

②各分野の学習を先に行い、基礎学力を養いましょう！

③「力が付いてきたら」と思ったら「過去問題」にチャレンジ！

④お子さまの得意・苦手がわかったら、その分野の学習をすすめ、全体的なレベルアップを図りましょう！

合格のための問題集

全40問

東京学芸大学附属大泉小学校

お話の記憶	お話の記憶問題集 中級編
常識	苦手克服問題集　常識編
図形	Ｊｒ・ウォッチャー５「回転・展開」
数量	Ｊｒ・ウォッチャー37「選んで数える」
口頭試問	面接テスト問題集

昨年度実施の過去問題 ＋ それ以前の特徴的な問題 を**収録!!**

JN035416

日本学習図書　ニチガク

こんなこと…ありませんか？

「ニチガクの問題集…買ったはいいけど、、、
この問題の教え方がわからない（汗）」

メールでお悩み解決します！

☆ ホームページ内の専用フォームで必要事項を入力！

☆ 教え方に困っているニチガクの問題を教えてください！

☆ 確認終了後、具体的な指導方法をメールでご返信！

☆ 全国どこでも！スマホでも！ぜひご活用ください！

＜質問回答例＞

アドバイス

推理分野の学習では、後の学習に活きる思考力を養うことができます。ご家庭で指導する場合にも、テクニックにたよらず、保護者の方が先に基本的な考え方を理解した上で、お子さまによく考えさせることを大切にして指導してください。

Q.「お子さまによく考えさせることを大切にして指導してください」と学習のポイントにありますが、考える習慣をつけさせるためには、具体的にどのようにしたらいいですか？

A.お子さまが考える時間を持てるように、質問の仕方と、タイミングに工夫をしてみてください。
たとえば、「答えはあっているけど、どうやってその答えを見つけたの」「答えは○○なんだけど、どうしてだと思う？」という感じです。
はじめのうちは、「必ず30秒考えてから手を動かす」などのルールを決める方法もおすすめです。

まずは、ホームページへアクセスしてください!!

https://www.nichigaku.jp 日本学習図書 検索

目指せ！合格！ 家庭学習ガイド 東京学芸大学附属大泉小学校

ペーパー　制作　口頭試問　行動観察　運動

入試情報

応 募 者 数：男子 516名　女子 444名
出 題 形 態：ペーパー・ノンペーパー
面　　　　接：志願者
出 題 領 域：ペーパー（記憶、常識、図形など）、行動観察、運動テスト

入試対策

2019年度入試では、第1次抽選が行われませんでした。発育総合調査では、1日目にペーパーテスト、行動観察、運動テストが行われ、2日目に、志願者面接（個別テスト）が実施されました。発育総合調査合格者となった児童の中から、さらに抽選を行い、その場で入学予定者を決定します。ペーパーテストでは、お話の記憶、常識、図形などが出題されました。出題分野は例年と変わりありませんが、その内容は若干変化しています。例年それほど難しい問題はありませんから、平均点は高くなる傾向にあります。入試にあたってはこれらの分野への対策を充分にとるとともに、ケアレスミスのないよう落ち着いて問題に取り組んでください。

● ペーパーテストの常識問題、行動観察の両方で、お子さまの社会性、協調性が問われています。他者との関わり方や協力、ルールの大切さを学べるような体験を重ねてください。また、マナーに関する問題も多く扱われているので、受験をするからということではなく、公共の場での行動について、お子さまとしっかり話しあっておくとよいでしょう。

● 面接では、「答えに対して、その理由を聞く」などの具体的な説明を求める質問がありました。

● 「外国人のお友だち」とどう接するかという問題が、毎年出題されています。

必要とされる力 ベスト6

チャートで早わかり！

特に求められた力を集計し、左図にまとめました。
下図は各アイコンの説明です。

アイコンの説明	
集中	集 中 力…他のことに惑わされず1つのことに注意を向けて取り組む力
観察	観 察 力…2つのものの違いや詳細な部分に気付く力
聞く	聞 く 力…複雑な指示や長いお話を理解する力
考え	考える力…「〜だから〜だ」という思考ができる力
話す	話 す 力…自分の意志を伝え、人の意図を理解する力
語彙	語 彙 力…年齢相応の言葉を知っている力
創造	創 造 力…表現する力
公衆	公衆道徳…公衆場面におけるマナー、生活知識
知識	知 識…動植物、季節、一般常識の知識
協調	協 調 性…集団行動の中で、積極的かつ他人を思いやって行動する力

※各「力」の詳しい学習方法などは、ホームページに掲載してありますのでご覧ください。http://www.nichigaku.jp

2020年度 附属大泉小学校 過去

「東京学芸大学附属大泉小学校」について

＜合格のためのアドバイス＞

　　当校の入学試験は例年、大きな変更が見られません。ここから、「求められている児童像が定まっている」「合格のボーダーラインが高い」と読み取ることができます。また、知力・体力・躾など総合的なバランスの取れている児童を求めていることが試験全体から伺えます。

　　国立小学校の受験を考えている方とお話をすると、「うちの子はこれができるから大丈夫」といった答えが返ってくることがあります。確かに、問題の難度自体は高くはありませんから、多くのお子さまはある程度できるでしょう。しかし、倍率から考えると、合格するにはかなりの完成度が必要となります。特に行動面においては「できる」ことと「スムーズにできる」ことには大きな差があります。勉強に気持ちが乗っていない時でも、保護者の方と離れて不安な時でも「できる」ことを目標に練習をしてください。

　　ペーパーテスト対策は、理科、図形、数量分野を中心に、基礎基本をしっかりと定着させることが大切です。発展的な問題に取り組む必要はありません。基本レベル問題の解き方を確実に理解させ、正確に答えられるところまで仕上げるつもりで取り組むとよいでしょう。また、常識分野の問題と口頭試問の両方で、コミュニケーションやマナーに関する問題が扱われています。これらの問題では、知識として知っているかどうかで答えるだけでなく、お子さまの生活体験から正しい行動を判断しなければいけない時があります。幼稚園などであったこと、お友だちとのやりとりなどを、お子さまの言葉で聞き取って、生活体験のストックを増やしましょう。なお、頻出のテーマは「外国人のお友だちとのコミュニケーション」「交通ルール」「食事・生活のマナー」などです。

　　巧緻性の問題に関しては、指示をしっかりと把握し、慌てずていねいに取り組むことが大切です。積極性が評価されるので、失敗を恐れず、いろいろなことにチャレンジしてください。

〈2019 年度選考〉

＜1日目＞
●ペーパーテスト（集団）
　お話の記憶、常識、図形など
●運動（集団）
　ケンケンパなど

＜2日目＞
●巧緻性・面接（志願者のみ3名ずつ）

◇過去の応募状況

2019 年度 男子 516 名 女子 444 名
2018 年度 男子 658 名 女子 565 名
2017 年度 男子 676 名 女子 672 名

〈本書掲載分以外の過去問題〉

◆巧緻：紙を貼り合わせて、犬小屋を作る。[2015 年度]
◆常識：お母さんが熱を出した時、どうするかを答える。[2015 年度]
◆図形：折り紙を開いた時の、正しい折れ線を選ぶ。[2015 年度]
◆常識：海でよく見られる生き物を選ぶ。[2014 年度]

東京学芸大学附属 大泉小学校
過去問題集

〈はじめに〉

　　現在、少子化が叫ばれているにもかかわらず、私立・国立小学校の入学試験には一定の応募者があります。入試は、ただやみくもに学習するだけでは成果を得ることはできません。志望校の過去における出題傾向を研究・把握した上で、練習を進めていくこと、その上で試験までに志願者の不得意分野を克服していくことが必須条件です。そこで、本問題集は小学校を受験される方々に、志望校の出題傾向をより詳しく知って頂くために、過去に遡り出題頻度の高い問題を結集いたしました。最新のデータを含む精選された過去問題集で実力をお付けください。

　　また、志望校の選択には弊社発行の「2021年度版　首都圏・東日本　国立・私立小学校　進学のてびき」をぜひ参考になさってください。

〈本書ご使用方法〉

◆出題者は出題前に一度問題を通読し、出題内容などを把握した上で、〈 準 備 〉の欄に表記してあるものを用意してから始めてください。

◆お子さまに絵の頁を渡し、出題者が問題文を読む形式で出題してください。問題を読んだ後で、絵の頁を渡す問題もありますのでご注意ください。

◆「分野」は、問題の分野を表しています。弊社の問題集の分野に対応していますので、復習の際の目安にお役立てください。

◆問題番号右端のアイコンは、各問題に必要な力を表しています。詳しくは、アドバイス頁（ピンク色の1枚目下部）をご覧ください。

◆一部の描画や工作、常識等の問題については、解答が省略されているものがあります。お子さまの答えが成り立つか、出題者が各自でご判断ください。

◆〈 時 間 〉につきましては、目安とお考えください。

◆解答右端の［○年度］は、問題の出題年度です。［2020年度］は、「2019年の秋から冬にかけて行われた2020年度入学志望者向けの考査で出題された問題」という意味です。

◆学習のポイントは、指導の際にご参考にしてください。

◆【おすすめ問題集】は各問題の基礎力養成や実力アップにご使用ください。

〈本書ご使用にあたっての注意点〉

◆文中に この問題の絵は縦に使用してください。 と記載してある問題の絵は縦にしてお使いください。

◆〈 準 備 〉の欄で、クレヨンと表記してある場合は12色程度のものを、画用紙と表記してある場合は白い画用紙をご用意ください。

◆文中に この問題の絵はありません。 と記載してある問題には絵の頁がありませんので、ご注意ください。なお、問題の絵の右上にある番号が連番でなくても、中央下の頁番号が連番の場合は落丁ではありません。
下記一覧表の●が付いている問題は絵がありません。

問題1	問題2	問題3	問題4	問題5	問題6	問題7	問題8	問題9	問題10
					●	●		●	

問題11	問題12	問題13	問題14	問題15	問題16	問題17	問題18	問題19	問題20
				●	●		●		

問題21	問題22	問題23	問題24	問題25	問題26	問題27	問題28	問題29	問題30
					●				

問題31	問題32	問題33	問題34	問題35	問題36	問題37	問題38	問題39	問題40
●		●	●	●					

得 先輩ママたちの声！

◆実際に受験をされた方からのアドバイスです。
ぜひ参考にしてください。

東京学芸大学附属大泉小学校

・試験会場には30分前に行きましたが、すでに人が並んでいました。時間ギリギリだと、イスに座れず、大変そうでした。

・面接は子どものみです。うまく伝えられなくても、考えたことを子どもなりにがんばって表現することが大切です。答えの内容は、あまり関係がないと思います。

・通学時間はかなり厳密に調べるようです。自宅の近隣に通学しているお子さまがいらっしゃらなければ、無理だと思った方がよいと思います。

・正確さが大切なので、多くのペーパー問題に取り組んで臨みました。そのほかについては、ふだんから常識や社会ルールについて教えていれば大丈夫です。

・2次試験合格には、はっきりと自分の意志を伝える力と子どもらしい笑顔や活発さ、明るさが必要だと思います。ペーパーだけに頼らない、家庭での教育、生活力が観られるのではないでしょうか。

・1日目は動きやすい服装をキュロット・スカートにしました。2日目は面接用の普通のワンピースで行きましたが、たまたま2日目はとても寒く、靴下を普通の三つ折りのものとハイソックスを2足用意して行き、よかったと思います。当日の臨機応変な対応が大切だと思いました。

・服装は関係ないようです。スーツの方や普段着の方などさまざまで、面接の時にジーンズをはいてきた子どもも合格していました。

・1日目も2日目も、在校生がさまざまな場面でお世話をしてくださいます。ゲームなどで子どもたちの緊張をほぐしてくれました。また、在校生は常に本を持ち、空き時間に読書をしていて、とても感心しました。

・試験当日はかなり寒く、防寒対策はきちんとした方がよいと思います。

・子どもに人気のアニメの曲を準備体操に使うなど、先生方が色々と工夫をされていて、子どもたちも楽しく試験に臨むことができました。

2020年度の最新問題

問題 1　分野：お話の記憶　　　　　　　　　　　　　　　　　　　　聞く 集中

〈準 備〉　鉛筆

〈問 題〉　仲良しのネコさん、タヌキくん、ウサギさん。今日は川へピクニックに行く日です。3人は川の近くまでバスで行きました。バスを降りると、セミがミンミンと鳴いていました。ネコさんが「家の近くよりもセミの鳴き声が大きく聞こえるね」というので、「たくさんの木が近くにあるからかな」とタヌキくんが言いました。ウサギさんが木を1つひとつ見ると、タヌキくんのいう通り、セミがいっぱいいました。「さすが、タヌキくん」とウサギさんが言った時、タヌキくんは「これは、もしかしたら、シカの角かもしれない」と道に落ちている小枝を拾いました。でも、それはどうみても木の枝なので、ウサギさんとネコさんは大笑い。そうこうしていると3人は河原まで来ました。河原には石がゴロゴロあります。ウサギさんが「あ！」と言ったので、「どうしたの？」とネコさんがたずねると、ウサギさんがハートの形をした石を手に持っていました。ネコさんが「ハートの形だ、めずらしいね」というと、ウサギさんはとても嬉しそうでした。「ネコさんもなんか見つけたの？」とウサギさんが言うので、ネコさんは緑色の葉っぱを見せました。「ウサギさんが見つけた、ハート型の石よりもめずらしいものなんて見つからないよ」とタヌキくんが言いました。「ウサギさんは、これをおうちに持って帰って、お母さんに見せようと思うの」と言うので、ネコさんはウサギさんのお母さんはきっと喜ぶだろうなと思いました。タヌキくんが「ねえねえせっかくだから、泳ごうよ」と言いました。ウサギさんも「いいね！」と言い、2人はそのまま勢いよく、川へ入っていきました。ネコさんは水が怖かったので、ためらっています。タヌキくんが「あれ？　ネコさんどうしたの？」と言いました。ネコさんは正直に水が苦手と伝えました。するとウサギさんが「そうしたら、泳ぐのやめようか、タヌキくん」と言い、2人は川から上がりました。ネコさんが「ごめんね」と言うと、ウサギさんが「なんで謝るの？　みんなで遊ぶほうが楽しいじゃない」と言ってくれました。タヌキくんが「ちがう遊びをする前に、まだお弁当食べてないから、食べようよ」と言ったので、そうすることにしました。外でみんなと食べる弁当はなんだかいつもよりも美味しく感じたネコさんでした。

　　　　①左上の絵を見てください。動物たちはどこへピクニック行きましたか。選んで○をつけてください。
　　　　②右上の絵を見てください。ハート型の石を見つけたのは誰ですか。○をつけてください。また、ネコさんが見つけたのは何色の葉っぱですか。「黄色」だと思う人は「○」を、「緑色」だと思う人は「△」を、「赤色」だと思う人は「×」を書いてください。
　　　　③ネコさんが川に入るのを怖がっています。あなたならどうしますか、「入らないなら放っておく」だと思う人は「○」を、「ひっぱって川へ入れる」だと思う人は「△」を、「お水こわくないよ、とやさしく言う」だと思う人は「×」を左下の四角に書いてください。
　　　　④右下の絵を見てください。このお話の季節はどれですか。選んで○をつけてください。

〈時 間〉　各15秒

〈解 答〉　①川　②ウサギ　色：△　③×　④七夕

 **学習のポイント**

お話の記憶の問題です。お話の長さは900字弱と小学校受験では一般的な長さです。お話の内容を聞き取れているかはもちろん、お話以外の常識も問われますから、お話の内容だけでなく、お話の背景（季節など）も意識して聞き取るようにしましょう。お話の記憶への対応力を上げるためのコツは、お話を「イメージしながら聞く」ことができるようにすることです。例えば、ふだんの読み聞かせで「いつ」「誰が」「何を」「どうした」などについて質問することを習慣にしてみてください。お子さまは自然と意識するようになります。特に「色」や「風景」はイメージしやすいでしょう。毎日それを繰り返すことで、ウサギさんが拾った石はどのような形をしていたか、ネコさんは何色の葉っぱを拾ったか、何が鳴いていたかを自然とイメージして聞けるようになります。また、イメージしながら聞くことができるようになることは、「言葉」そのものの意味や特徴を理解することと関連します。ペーパーテスト対策として「お話の記憶」に向き合う前に、「読み聞かせ」の重要性に気が付きましょう。

【おすすめ問題集】
　　１話５分の読み聞かせお話集①②、　お話の記憶 初級編・中級編、
　　Ｊｒ・ウォッチャー19「お話の記憶」

問題2　分野：図形（展開）　　　　　　　　　　　　　観察 考え

〈準 備〉　鉛筆

〈問 題〉　左の四角を見てください。この折り紙を広げた状態で正しいものを右の四角から選んで〇をつけてください。同じ様に下の段も解いてください。

〈時 間〉　30秒

〈解 答〉　①左端　②左端

[2020年度出題]

 学習のポイント

当校では例年、図形分野の問題が出題されています。この問題は、左の見本の図形を広げたもので正しいものを選ぶ「展開」と言われる問題です。この問題で必要なのは、折り紙を広げた状態をイメージできることです。例えば①の問題ですが、折れ線の真ん中に半円の穴が空いていると、それを広げれば丸い穴となります。つまり、空いている穴があれば、折れ線で対称になるということですが、言葉で説明してもなかなか理解できるものではないでしょう。「展開」の問題は大人にとっても簡単なものではありません。小学校受験のペーパーテストでは「難問」の１つです。ですから、お子さまが解けなかったとしても落ち込む必要はありません。実際に折り紙を用意して問題同様に折って、穴を開け、展開してみましょう。特に図形の問題に言えることですが、実際にやってみるということが１番効果的な対策です。実物を使ったという経験は、何度もペーパー学習を繰り返すことよりも、確実に理解が深まります。

【おすすめ問題集】
　　Ｊｒ・ウォッチャー５「回転・展開」、８「対称」

問題3 分野：数量（ひき算・選んで数える）   観察 集中

〈準 備〉 鉛筆

〈問 題〉 おにぎりとお皿をそれぞれ同じ数を揃えていましたが、おにぎりが足りなくなってしまいました。イヌがおにぎりを食べてしまったようなのですが、いくつ食べたのでしょうか。その数だけ下の四角に○をつけてください。

〈時 間〉 1分

〈解 答〉 ○：2

[2020年度出題]

 学習のポイント

当校では数量の問題も頻出分野の1つです。この問題はお皿の数とおにぎりの数を先にかぞえてから、それを見比べて答えを出すやり方と、お皿1枚、おにぎり1つを1人分のセットとして作っていき、余ったお皿の数で答えを出すやり方の2つの方法があります。最初のやり方では、お子さまが1～10の数をかぞえられることが大切になってきます。もう1つのやり方では、それぞれをセットにする、生活体験を伴った考え方が大切になってきます。どちらの考え方でもよいのですが、基礎としてまず、おはじきなどの実物を使った学習をすると、お子さまの理解が深まります。問題同様に色の違うおはじき（赤をお皿、青をおにぎりとする）を置いてみてください。最初のやり方の場合、まず、赤のおはじきを取り出して、1列に並べます。そして、同じように青のおはじきを取り出して、赤と平行にして並べてみてください。そうすると青のおはじきが2つ少ないことから、足りないおにぎりが2つであるということがわかります。もう1つの解き方も同じ用法ですが、赤と青をそれぞれ1つずつ取り出していくと、最後に赤のおはじきが2つ余りますから、おにぎりが2つ少ないということがわかります。

【おすすめ問題集】
Ｊｒ・ウォッチャー37「選んで数える」、38「たし算・ひき算1」、
39「たし算・ひき算2」、42「一対多の対応」

弊社の問題集は、同封の注文書の他に、
ホームページからでもお買い求めいただくことができます。
右のQRコードからご覧ください。
（東京学芸大学附属大泉小学校のおすすめ問題集のページです。）

〈準　備〉　鉛筆

〈問　題〉　①秋の花を選んで○をつけてください。
　　　　　　②秋の次に来る季節と同じ季節のものに○をつけてください。

〈時　間〉　1分

〈解　答〉　①左端（コスモス）　②右から2番目（羽子板）

[2020年度出題]

 学習のポイント

当校の常識分野の問題は、季節だけではなく、理科、生活常識など幅広く出題されています。とはいえ、それ自体は小学校進学前のお子さまにとって身近なものばかりですから、ふだんの生活の中で学ぶことは充分に可能です。ですから、机の上の学習で知識を増やすのではなく、日常生活の経験に沿った学習を心掛けましょう。①は秋の花について聞かれました。お子さまが秋の花と言われて、ピンとくれば簡単な問題です。正解はコスモスですが、ほかの秋の花はキンモクセイ、リンドウなどがあります。このような季節に対しての知識・意識を深めるためには、実際に出掛け、探してみることが大切です。というのも、直接見ることによって、花の名前だけではなく、その花のにおいや、大きさなど、さまざまな感覚で理解することができるからです。②も同様です。日本は季節ごとの行事が盛んです。「その季節ならでは」を体感できる行事に積極的に参加しましょう。

【おすすめ問題集】
　　Ｊｒ・ウォッチャー－34「季節」

〈 準 備 〉 鉛筆

〈 問 題 〉 ①左上の絵を見てください。短いホースで水を遠くまで飛ばすには、あなたなら どうしますか。「頭の上で振る」だと思う人は「○」を、「ホースの先を つかむ」だと思う人は「△」を、「ふつうにとばす」だと思う人は「×」 を、右上の四角に書いてください。

②右上の絵を見てください。外国人のお友だちが、お箸を使えずに困っていま す。あなたならどうしますか。「教えてあげる」だと思う人は「○」を、 「大人を呼ぶ」だと思う人は「△」を、「放っておく」だと思う人は「×」 を、右上の四角に書いてください。

③左下の絵を見てください。みんなで積み木を遊んでいますが、1人だけ輪に 入っていない子がいます。あなたならどうしますか。「放っておく」だと思 う人は「○」を、「あの子1人で遊んでるとみんなに言う」だと思う人は 「△」を、「ねえ、いっしょに遊ぼうと声かける」だと思う人は「×」を、 右上の四角に書いてください。

④右下の絵を見てください。家族でご飯を食べています。どのように食べます か。「おしゃべりをしながら」だと思う人は「○」を、「勉強をしながら」 だと思う人は「△」を、「テレビをみながら」だと思う人は「×」を、右上 の四角に書いてください。

〈 時 間 〉 各15秒

〈解答例〉 ①△ ②○ ③× ④○

[2020年度出題]

 **学習のポイント**

当校で例年出題されている問題で、さまざまなできごとに対してどのように対応するかを答える問題です。当校は国際学級があるなど、グローバルな学習が特徴的なので、入試問題でも、外国のお友だちにどう対応するかということがよく出題されています。もちろん言うまでもなく、国籍など関係なく接するということが大切になります。②の問題は外国籍のお友だち、③は同じ国籍のお友だちに対してですが、同じように対応するということを心掛けましょう。④の問題も同じです。この問題では家族と食事を取っていますが、家族同様にほかの人と食事を取る場合のマナーの理解が大切です。昨今では生活様式も多様性を増していますが、当校を志願されるのであれば、「ながら」の食事は好ましくないと考えましょう。つまり、②③④は国籍・年齢関係なく、どのようにコミュニケーションを取るかが観られています。お子さまの中には、ほかの人と話す事自体があまり得意ではないということもあるでしょう。そのようなお子さまには、普段足を運ばない公園などに出掛け、わざと知らないお友だちと遊ばせてみましょう。この問題だけでなく、行動観察の問題の対策にもなります。①の問題は、実際にホースを使って経験していないと解くことができない生活体験の常識問題です。ですから、解けなくても経験させれば問題ないでしょう。お子さまにホースを持たせ、どのようにしたら水を遠くへ飛ばせるか、経験させてください。

【おすすめ問題集】
　　Ｊｒ・ウォッチャー29「行動観察」、56「マナーとルール」

問題6　分野：運動　　　　　　　　　　　　　　　　　聞く｜協調

〈準　備〉　「パプリカ」の音源、再生装置、緑色のテープ

〈問　題〉　**この問題の絵はありません。**
　　　　　①模倣体操
　　　　　　Ｆｏｏｒｉｎの「パプリカ」の音楽に合わせて、お手本通りに踊る。
　　　　　②「言うこといっしょ　やることいっしょ」
　　　　　　緑色のテープで作られた線の真ん中に立っておく。
　　　　　　先生が「言うこといっしょ　やることいっしょ」とリズムをつけて歌ったあと、「まえ」「うしろ」「みぎ」「ひだり」と指示があるので、その指示の方向へ両足でジャンプする。

〈時　間〉　適宜

〈解　答〉　省略

[2020年度出題]

学習のポイント

運動テストは、10〜15名程度のグループに分かれて行われました。毎年、違った課題曲で行われる模倣体操のお手本は、試験のためのオリジナル振り付けです。過年度の問題でも触れていますが、本来の振り付けをテレビで見て知っていても、それを踊ってはいけません。知っている曲が流れることで、つい調子にのってしまうということは充分予想できることですが、あくまで、指定の振り付けがあるので、それを約束として指示通りできるかが観点となります。おそらく学校側もお子さまの「素」を引き出すために、世間で流行している課題曲を使用するのだと思われます。元気であることは何の問題もありませんが、脱線しがちな気質のお子さまは注意しましょう。本年度の課題曲は「パプリカ」でした。過去には、「Ｕ・Ｓ・Ａ」や「ＰＰＡＰ」などが出題されています。②の課題は、先生の指示に従った通りの方向へジャンプができているかどうかが観られているものです。指示にそってジャンプをするという簡単な課題なので、しっかりと指示を聞くということを意識しましょう。

【おすすめ問題集】
　新運動テスト問題集、Ｊｒ・ウォッチャー28「運動」

問題7　分野：行動観察　　　　協調 聞く

〈準備〉　お盆、ピンポン玉、カゴ

〈問題〉　**この問題の絵はありません。**
　①２人組を作り、ボール運びゲームをします。
　②ペアになったお友だちと２人で、お盆の上にピンポン玉を乗せて線の内側で待っておく。先生の「はじめ！」の指示を聞いて、ペアのお友だちとお盆を持ちながら走り、遠くにおいてあるカゴの中へピンポン玉を入れてください、戻ってくる時もお友だちとお盆を持ちながら戻ってください。
　③落とした時は、そのまま次の２人と交代する。
　④先生の「やめ！」という指示で、ゲームを終えてください。
　⑤ピンポン玉が多く入っているグループが勝ちです。
　※２人組の組み合わせを変えながら、３回ほど行う。

〈時間〉　1分

〈解答〉　省略

[2020年度出題]

この行動観察は、はじめて会うお友だちといかに協力しながら課題に取り組めるかがポイントとなります。2人でお盆を持って、ピンポン玉を運ぶという作業は、お互いの歩幅、持っている位置などを合わせないと、上手くできません。ですから、自分勝手な態度をとったり、逆に遠慮しすぎるということはよい結果につながりません。お互いがしっかりと協調し合えるように、掛け声をかけたり、相談しあったりできるとよいでしょう。また課題がリレー形式なので、結果に意識してしまいがちですが、ここで観られているのは取り組む姿勢や態度ということを、保護者の方はお子さまに意識させるようにしてください。お子さま自身だけでなく、ほかのお友だちも楽しむことができるように取り組めれば評価はよいものとなるでしょう。

【おすすめ問題集】
　Ｊｒ・ウォッチャー29「行動観察」

問題8　分野：面接・口頭試問　　　　　　　　　　聞く　話す

〈準　備〉　ペットボトルのキャップ（5個ぐらい）

〈問　題〉　※3名ずつのグループで行われます。
　　　　　①質問1
　　　　　・今日はここまで、どうやって来ましたか。
　　　　　・お名前を教えてください。

　　　　　②質問2
　　　　　・何か植物や動物を飼っていますか。何を飼っていますか。
　　　　　　（飼っていなかったら、何を飼いたいですか。）
　　　　　・異性と遊ぶとするなら、何をして遊びますか。
　　　　　・お友だちが公園で困っています。あなたならどうしますか。

　　　　　③質問3
　　　　　（問題8の絵を見せて）
　　　　　・これは何ですか。

　　　　　④質問4
　　　　　　ペットボトルのキャップがここにあります。これで遊ぶとしたら、どの様に
　　　　　　遊びますか。実際に今、遊んでみてください。

〈時　間〉　1分

〈解　答〉　省略

[2020年度出題]

 **学習のポイント**

例年、当校の面接は3名1組のグループで行われます。2020年度入試では面接官は1人でした。質問を順番に答えていくという形式なので、ほかの子の答えに影響されてしまうという独特の難しさがあります。面接対策におけるポイントとして、答えを1つだけ準備するのではなく、複数用意しておくとよいでしょう。また万一、ほかの子と回答がかぶっても問題はありません。正直に同じであるということを伝えることが大切です。自分の考え、思うこと、その理由などそれらを自分の知っている言葉で伝えられる練習を繰り返しましょう。

【おすすめ問題集】
　　面接テスト問題集、新口頭試問・個別テスト問題集

家庭学習のコツ③　効果的な学習方法～問題集を通読する

過去問題集を始めるにあたり、いきなり問題に取り組んではいませんか？　それでは本書を有効活用しているとは言えません。まず、保護者の方が、すべてを一通り読み、当校の傾向、ポイント、問題のアドバイスを頭に入れてください。そうすることにより、保護者の方の指導力がアップします。また、日常生活のさまざまなことから、保護者の方自身が「作問」することができるようになっていきます。

〈準 備〉 落ち葉（複数枚）、細い木の枝（複数本）、画用紙（白）

〈問 題〉 **この問題の絵はありません。**
①準備したものを使い、画用紙の上で何か好きなものを作ってください。
（作り終えたら）
②作り上げたものは何ですか。教えてください。

〈時 間〉 適宜

〈解 答〉 省略

[2020年度出題]

 学習のポイント

制作の問題ですが、準備物がクレヨンや絵の具とは違って、落ち葉や細い木の枝なので、「何か好きなもの」を作ってください、と指示されても何を作ればいいのかわからない子が多いと思います。そういう意味では非常に難しい問題といえるでしょう。お子さま自身の今までの経験から落ち葉や細い木の枝を使って何ができるかを考えなければいけません。お子さまが戸惑うようであれば、保護者の方といっしょに考えていきましょう。例えば、落ち葉や木の枝を何かに例えるということも１つの方法です。「お子さまに何の形に似ている？」と質問し、お子さまが答えたものをヒントに何ができるのか考えてみてください。具体例をあげるとするならば、お子さまが「羽」と答えたならば、保護者の方が「じゃあ羽のついたものを作ろうよ」というようにです。準備物そのものが制作に向いているものではないので、出来上がった作品を見ても、抽象的で今ひとつ何かわからないものが出来上がるかもしれません。ですが、どういう点でそれらしさを表現した、ということを説明できれば評価へとつながっていきます。

【おすすめ問題集】
Ｊｒ・ウォッチャー25「生活巧緻性」

問題10 分野：お話の記憶　　　　　　　　　　　　　　　　　　　　聞く 集中

〈準 備〉　鉛筆

〈問 題〉　明日は動物村の運動会の日です。小鳥さんは運動会に参加するみんなの様子を見て回りました。ウサギくんは、「明日は１等賞をとるぞ」と張り切って、庭を走っています。タヌキくんは、「つなひきでは絶対負けないぞ」と言って、晩ごはんをおかわりしました。キツネさんは熱を出して寝ています。「みんなとダンスをしたかったのになあ」と言いながら、残念そうな顔をしています。明日はお休みですね。カメさんは、「ビリになるのはいやだなあ。明日は雨が降らないかなあ」と、しぶしぶ準備をしています。
次の日、「ラララ〜、みんなおはよう」朝、おひさまが出ると、小鳥さんはとてもきれいな歌声で、みんなを起こしました。公園にみんなで集まって、運動会が始まりました。はじめの種目はつなひきです。ウサギくんチームとタヌキくんチームに分かれてつなを引きます。「エイッ、ウーン」みんな力一杯つなを引っ張り、タヌキくんチームが勝ちました。次はダンスです。みんなで輪になって踊りました。「キツネさんと一緒に踊りたかったね」とウサギくんは残念そうに言いました。その次はかけっこです。「ヨーイドン」と合図が鳴り、みんな一斉に走り出しました。カメさんは一生懸命走りましたが、ウサギくんとタヌキくんはずっと先まで行ってしまいました。「あーあ、ビリになっちゃうなあ」と思いましたが、それでも走っていると、途中でタヌキくんが転んでいました。「タヌキくん大丈夫かい」とカメさんが声をかけると、「イテテ、もう走れないや。僕の分まで頑張って」とタヌキくんは答えました。またしばらく走っていると、今度はウサギくんが休んでいます。「ウサギくん、大丈夫かい」とカメさんが言うと、「少し休んだら追いかけるよ。負けないからね」と言いました。カメさんはそのまま、走り続けました。ゴールが見えてきた時、後ろからウサギくんが追いかけてきました。カメさんは抜かれたくないので、ゴールまで急ぎました。「ゴールイン」勝ったのはカメさんです。ウサギくんは、あと１歩のところで追いつけませんでした。「やった。１等だ」カメさんは大よろこびです。「カメさんおめでとう」後からゴールしたタヌキくんとウサギくんも、お祝いの声をかけてくれました。

①左上の絵を見てください。運動会の前の日に、「つなひきでは絶対負けないぞ」と言ったのは誰ですか。選んで○をつけてください。
②右上の絵を見てください。運動会をお休みしたのは誰ですか。○をつけてください。また、なぜ運動会を休んだのですか。「ねぼうをしたから」だと思う人は「○」を、「熱を出したから」だと思う人は「△」を、「ビリになるのがいやだから」だと思う人は「×」を書いてください。
③カメさんはなぜ、「明日は雨が降らないかなあ」と思ったのですか。「風邪をひいたから」だと思う人は「○」を、「みんなとダンスをしたいから」だと思う人は「△」を、「かけっこに出たくないから」だと思う人は「×」を左下の四角に書いてください。
④右下の絵を見てください。かけっこで勝ったのは誰ですか。選んで○をつけてください。

〈時 間〉　各15秒

〈解 答〉　①タヌキ　②キツネ　理由：△　③×　④カメ

[2019年度出題]

学習のポイント

お話の記憶の問題です。実際の試験では、女性の声を録音した音源が使用されました。お話は昨年よりも少し長くなりましたが、その内容は例年とほとんど変わっていません。また、当校の特徴の1つである、登場人物の言葉に対して理由を問う質問が、本年も出題されています。そのため、聞き取る、覚える、理由を考えるの3点を重視した対策練習をすすめるとよいでしょう。お話を聞き取り、覚えることについては、基本的な読み聞かせをくり返すことで、長いお話でも正確に覚えられるようになります。登場人物のそれぞれに対して、「誰が、（何を）どうした」を把握できるようにしてください。理由を考える時は、登場人物の行動やセリフをヒントに考えます。「熱を出したので（理由）」「運動会はお休み（結果）」というように、理由と結果をつなげると、覚えやすいかもしれません。③は、少しひねった問題です。雨が降ってほしい直接の理由は説明されていませんが、「ビリになるのはいやだなあ」という言葉からカメさんの気持ちを考えると、「かけっこに出たくない」という理由が思い浮かべられるでしょう。

【おすすめ問題集】
　　1話5分の読み聞かせお話集①②、　お話の記憶　初級編・中級編、
　　Jr・ウォッチャー19「お話の記憶」

問題11　分野：図形（鏡図形）　　　　　　　　　　　　　　　観察 考え

〈準　備〉　鉛筆

〈問　題〉　左上の絵を見てください。公園で遊んでいたクマさんが、お家に帰ってきました。手を洗っている時に鏡を見ると、泥がついた顔が写っています。クマさんの顔は、どこが汚れていますか。正しいものを選んで〇をつけてください。

〈時　間〉　30秒

〈解　答〉　左下

[2019年度出題]

 学習のポイント

当校では例年、図形分野の問題が出題されています。それは、形の全体を把握してから細かい部分へ目を配るなど、図形観察の基本的な方法が身に付いているかどうかを観るためでしょう。本問は例年出題されてる図形の構成ではありませんが、観点は同じです。鏡図形の問題では、鏡に映したものや、鏡に映った像として正しいものを選びます。鏡に映った像は、左右が反対になりますが、上下は変わりません。このことを理解した上で、絵の特徴的な部分の位置を確認していきます。本問では、クマの顔についている泥と、帽子の向きに注目します。泥は、鏡に映ったクマの左のほっぺに付いているので、実際にはクマの右のほっぺに付いています。この説明がわかりにくい場合は、「左のほっぺ」を「向かって右のほっぺ」と言い換えてもよいでしょう。つまり、「左」と「向かって右」は同じ方向を表し、それは「右」とは反対側ということです。少しややこしいので、お子さまが理解しやすい言葉を選んで、説明してあげてください。

【おすすめ問題集】
　　Jr・ウォッチャー8「対称」、48「鏡図形」

観察　集中

〈準　備〉　鉛筆

〈問　題〉　４枚の絵の中で、ドングリが１番多いのはどれですか。その絵の右上の四角
に、〇を書いてください。

〈時　間〉　1分

〈解　答〉　左下

[2019年度出題]

 学習のポイント

それぞれの絵の中にあるドングリを数える問題です。例年はお椀とお茶碗、靴などのように、「２個１対のものをまとめて数える」問題が出題されていましたが、本年は数種類のものの中から「選んで数える」問題となっています。しかし、１ケタの数を正確に数えるという点に変わりはありません。問題のちょっとした変化で慌てることのないように、基本的な力を身に付けることを心がけてください。本問のように、ランダムに散らばったものを数える時は、絵の上から下までをひとまとめにして、左からなら左からと一定の方向で、順に絵を見ていくことがポイントです。例えば左上の絵のイチョウは、絵の左側の真ん中と、下の方にあります（１・２個目）。そのまま視線を右へ動かすと、中央あたりの上と真ん中に、縦に２つ並んでいます（３・４個目）。さらに右を見ると、下の方に１つあります（５個目）。このように視線を一定の方向へ動かしていくと、数え忘れや重複による失敗を減らすことができます。

【おすすめ問題集】
　Ｊｒ・ウォッチャー37「選んで数える」

〈準 備〉 鉛筆

〈問 題〉 ①上の段の左の絵を見てください。ペットボトルを開ける時、フタをどちらに
回しますか。正しい方向の矢印に〇をつけてください。
②上の段の右の絵を見てください。この中で、空を飛ぶ生きものはどれです
か。選んで〇をつけてください。
③下の段の絵を見てください。この中で、十五夜に飾るものはどれですか。選
んで〇をつけてください。

〈時 間〉 1分

〈解 答〉 下図参照

[2019年度出題]

 学習のポイント

当校の常識分野の問題は、理科、生活常識を中心に、幅広く出題されています。範囲は広
いものの、その内容は小学校進学前のお子さまにとって身近なものばかりです。ふだん
の生活の中で学べることは、その機会を逃さないようにしてください。例えば①は、「右
手でボトルを押えて、左手でこっち（反時計回り）に回した」と、ペットボトルを開けた
時のことを思い出せれば答えらえます。お子さまが1人でできるようなことを、自分から
「やりたい」と言って取り組んでいれば、このような問題は非常に簡単に答えられるでしょ
う。過保護というよりは、引っ込み思案が原因で、身の回りのことを自分でする経験を
逃してしまうお子さまを見かけることがあります。できるだけ1人で、さまざまなことに
取り組む機会を作るようにしてください。また、②については、「空を飛ぶ生きもの」と
いう指示を聞き逃さなければ答えられます。ウサギやカエルは「跳ぶ（はねる）」生きも
のです。飛行機も同様にひっかけの選択肢です。ていねいに聞き取って、よく考えて答え
ることを忘れないようにしてください。

【おすすめ問題集】
Ｊｒ・ウォッチャー12「日常生活」、27「理科」、55「理科②」

家庭学習のコツ④ **効果的な学習方法～お子さまの今の実力を知る**

1年分の問題を解き終えた後、「家庭学習ガイド」に掲載されているレーダーチャー
トを参考に、目標への到達度をはかってみましょう。また、あわせてお子さまの得
意・不得意の見きわめも行ってください。苦手な分野の対策にあたっては、お子さま
に無理をさせず、理解度に合わせて学習するとよいでしょう。

〈 準 備 〉　鉛筆

〈 問 題 〉　①左上の絵を見てください。お母さんと女の子が、お祭りで風船を買いました。でも、買ってもらった風船が飛んで行ってしまいました。あなたならどうしますか。「泣いてもう１度買ってもらう」だと思う人は「○」を、「見つかるまで探す」だと思う人は「△」を、「仕方がないからあきらめる」だと思う人は「×」を、右上の四角に書いてください。
②右上の絵を見てください。朝、外国人のお友だちが、「ボンジュール」と声をかけてきました。あなたならどうしますか。「ボンジュールと答える」だと思う人は「○」を、「日本ではおはようと言うことを教える」だと思う人は「△」を、「黙ってどこかへ行く」だと思う人は「×」を、右上の四角に書いてください。
③左下の絵を見てください。公園のすべり台で遊ぼうとしたら、小さな子が走ってきました。あなたならどうしますか。「小さな子に譲る」だと思う人は「○」を、「捕まえて、文句を言う」だと思う人は「△」を、「取られないように走って先に行く」だと思う人は「×」を、右上の四角に書いてください。
④右下の絵を見てください。落ち葉がたくさん落ちています。あなたならどうしますか。「火をつけて焼きイモをする」だと思う人は「○」を、「きれいな葉を探す」だと思う人は「△」を、「ほうきで掃いて片付ける」だと思う人は「×」を、右上の四角に書いてください。

〈 時 間 〉　各15秒

〈解答例〉　①×　②△　③○　④×

[2019年度出題]

 学習のポイント

さまざまな場面で取るべき行動に関する、常識問題です。当校では、お友だちや身近な人たち、特に外国人とのコミュニケーションに関する質問が例年出題されています。この点において、外国人だからといって特別な対応が求められているわけではありません。むしろ、いつもと変わらない接し方をできるかどうかが観られています。本問で扱われた４つの場面と似たような状況を、お子さまは少なからず経験していると思います。例えば、買ってもらったアイスを落とした、知らない子に声をかけられたなどです。その経験と本問の場面を照らし合わせて、最善の回答を選ぶのが理想です。当校では、口頭試問でも同様な質問をされるので、お子さまの体験を整理しておくことが対策として有効です。本問を解き終えた後で、お子さまが同じような体験をした時の話を聞いて、実際にその時したことや、できなかったことを言葉にするとよいでしょう。

【おすすめ問題集】
　Ｊｒ・ウォッチャー29「行動観察」、56「マナーとルール」

〈準備〉 雑巾、ビニールテープ（緑色）、「Ｕ.Ｓ.Ａ.」の音源、再生装置

〈問題〉 **この問題の絵はありません。**
①模倣体操
　ＤＡ　ＰＵＭＰ「Ｕ.Ｓ.Ａ.」の音楽に合わせて、お手本通りに踊る。
　手足を左右交互に動かし、サビの部分で「カモン」と大きな声を出す。
②ケンケンパー
　スタートからケンパで往復する。緑色の線を踏んでから始めること。
　最後の「パー」の時は、両手を大きく広げてポーズをとる。
　終わったら元の場所に戻って体操座りをして待つ。
※体育館に入場する際は、靴底を雑巾で拭う。

〈時間〉 適宜

〈解答〉 省略

[2019年度出題]

 学習のポイント

運動テストは、10〜15名程度のグループに分かれて行なわれました。模倣体操のお手本は、試験のためのオリジナル振り付けです。本来の振り付けをテレビで見て知っていても、それを踊ってはいけません。この課題では、上手に踊れているかどうかが観られているのではなく、指示通りに行動しているか、子どもらしく積極的に参加しているかがどうか評価のポイントだからです。たとえ運動が苦手なお子さまであっても、そのことを気にすることなく、元気よく楽しむことを心がけさせてください。また、例年、体育館には、雑巾で靴底を拭いてから入ることになっています。当校はこの点も観点としているので、注意してください。ちなみに、模倣体操の曲は、前年度は「エビカニクス」でした。過去にも「ＰＰＡＰ」など、その時になじみ深い曲が選ばれているようです。

【おすすめ問題集】
　新運動テスト問題集、Ｊｒ・ウォッチャー28「運動」

〈準 備〉　裏面に色を塗ったカード（赤、黄、水色、黒）各2枚、

〈問 題〉　**この問題の絵はありません。**
　　　　　※この課題は、5人程度のグループで行う。
　　　　　①グループのメンバーで2人組を作り、色当てゲームをします。
　　　　　②ペアになったお友だちと2人で、カード置き場にあるカードを2枚選んでひっくり返す。
　　　　　③同じ色が出たら、カード置き場の先にあるカゴに入れてから、次の2人と交代する。
　　　　　④間違えた時は、そのまま次の2人と交代する。
　　　　　⑤カードが先になくなったグループが勝ち。
　　　　　※2人組の組み合わせを変えながら、3回ほど行う。

〈時 間〉　1分

〈解 答〉　省略

[2019年度出題]

 学習のポイント

行動観察の課題では、チーム対抗の、色の付いたカードを使った神経衰弱ゲームを行いました。ゲーム内容は昨年よりも簡単なもので、記憶力だけでなく、同じチームのメンバーが色を当てられるように協力するなど、協調性やコミュニケーション力も必要です。この課題では、ペアになったお友だちと短い時間で息を合わせることができるか、また、カードが外れた時の振る舞いなどが観られていると考えられます。ペアの子と息を合わせるには、相手の性格に合わせて、自分がリードするか、一歩引いて相手をサポートするかを変えられるのが理想的ですが、お子さまにそのような判断は難しいことです。まず、お友だちとペアになった時に、「がんばろうね」と声をかけてみるとよいでしょう。その時の反応で、お子さまが自分の役割を変えるきっかけが作れるかもしれません。

【おすすめ問題集】
　　Jr・ウォッチャー29「行動観察」

〈準備〉 なし

〈問題〉 ※３名ずつのグループで行われます。
①質問１
・今日はここまで、どうやって来ましたか。
・朝ごはんは食べましたか。

②質問２（全員に１問、個人に１問）
・お友だちとパンを半分こしようとしたら、片方が大きく、もう片方が小さくなってしまいました。どちらをお友だちにあげますか。
・公園に遊びに行きます。大きなボールと小さなボール。あなたはどちらを持って行きますか。
・レストランへ行きました。頼んだものの中に嫌いなものが入っていました。その時どうしますか。
・レストランへ行きました。テーブルにジュースをこぼしてしまいました。あなたはどうしますか。
・スーパーへ行きました。途中でお母さんとはぐれてしまいました。その時どうしますか。
※それぞれの回答に対して、「それはなぜですか」と理由をたずねる。

③質問３
（問題17の絵のそれぞれを指さしながら）
・これは何ですか。

〈時間〉 １分

〈解答〉 省略

[2019年度出題]

 学習のポイント

口頭試問では、受験者が３名１組のグループにわけられ、１教室に２グループが入り、それぞれのグループに先生が１人ずつついて行われました。質問①は、家庭環境や親子の関わりに関する簡単なものでした。質問②では、状況に応じた判断と、その理由が説明させられました。問題14と同様に、経験と照らし合わせて説明できるとよいでしょう。理由を説明する時には、「〜だから」と言うだけでなく、その内容が理由として成立しているかどうかをチェックしておくようにしてください。質問③では、イラストに描かれたものの名称を答えます。２〜３個の名称を答えるのみで、その後に詳しい説明などは求められなかったようです。シンプルな課題だからこそ、名称だけを答えるのではなく、「〜です」と語尾を整えて答えられるようにしてください。

【おすすめ問題集】
　面接テスト問題集、新口頭試問・個別テスト問題集

問題18　分野：制作　　　　　　　　　　　　　　　　　　　　　　　観察｜話す

〈準　備〉　折り紙（１セット）

〈問　題〉　**この問題の絵はありません。**
　　　　　※３名ずつのグループで行われます。
　　　　　※チューリップ、コップ、チョウなどの中から１つ折ります。
　　　　　（先生がお手本を見せる）
　　　　　①お手本の通りに、折り紙を折ってください。
　　　　　②今と同じものを、「やめ」というまでに、たくさん折ってください。
　　　　　③今、どのようなことに気を付けて折りましたか。話してください。

〈時　間〉　適宜

〈解　答〉　省略

[2019年度出題]

 学習のポイント

お手本で見た通りの形を、折り紙で作る課題です。題材は３つの中からランダムに選ばれますが、どれも難しいものではありません。年齢相応に折り紙ができれば問題ないでしょう。本問では、①で作ったものを、②でたくさん折ります。「たくさん」と指示されると、気持ちが早さと量に向いてしまい、ていねいさが疎かになりがちです。そんな時に③の質問をされると慌ててしまい、悪い意味で「素の姿」を見せてしまうかもしれません。制作の課題では、「作業は１度でていねいに」することが、質と量を両立させるためのポイントです。お子さまの気持ちを急がせてしまうような課題では、先のポイントを踏まえて、質を落とさない程度にテキパキと進めることが大切です。

【おすすめ問題集】
　　Ｊｒ・ウォッチャー25「生活巧緻性」

〈 準 備 〉　鉛筆

〈 問 題 〉　お話を聞いて後の質問に答えてください。
ウサギくんとタヌキくんとカメさんは、３人で冒険に行くことにしました。次の日の朝、海岸に集合すると、カメさんが、「ごめんなさい。風邪をひいちゃって行けないの。でも、ボートを作ったから、これに乗っていってね」と言いました。ウサギくんとタヌキくんは、カメさんに見送られて、冒険の旅に出発しました。ボートに乗ったウサギくんが「お菓子の国へ行こうよ」と言うと、タヌキくんは「僕は、おもちゃの国に行きたいな。そうだ、先にお菓子の国へ行って、その後でおもちゃの国へ行こう」と言い、お菓子の国へ行きました。お菓子の国には、おいしいお菓子がたくさんあります。ウサギくんは、ケーキを見つけて走っていきましたが、その途中で転んで足をケガしてしまいました。「えーん、足が痛いよ」と泣いていると、タヌキくんが「急いで走ったからだよ。気を付けようね。さあ、ケーキを食べよう」と言って、ケーキを渡してくれました。おいしいケーキを食べたウサギくんは、足が痛いのも忘れて、元気になりました。それからウサギくんとタヌキくんは、おもちゃの国へ行きました。おもちゃの国には、いっぱいおもちゃがあります。ウサギくんとタヌキくんは大よろこびです。「楽しかったね」、おもちゃで遊び終わってから、２人はカメさんへのおみやげを買って帰りました。

①１番上の段を見てください。お話に出てこなかったのは誰ですか。○をつけてください。
②上から２段目を見てください。冒険に行かずに、みんなを見送ったのは誰ですか。○をつけてください。また、なぜ冒険に行かなかったのですか。「足が痛いから」だと思う人は「○」を、「風邪をひいたから」だと思う人は「△」を、「冒険がつまらないから」だと思う人は「×」を書いてください。
③ウサギくんは、なぜ泣いたのですか。「お菓子の国にもっといたいから」だと思う人は「○」を、「足が痛いから」だと思う人は「△」を、「おもちゃの国に早く行きたいから」だと思う人は「×」を、１番下の段に書いてください。

〈 時 間 〉　各15秒

〈 解 答 〉　①左から２番目（キツネ）　②○：右端（カメ）　理由：△　③△

[2018年度出題]

学習のポイント

当校のお話の記憶は、例年お話が短めで、質問もそれほど難しくないものが出題されます。その中で、出来事や登場人物の気持ちに対して、理由を問う質問をすることが特徴となっているため、お話を聞きとる時には、「誰が」「どうした」に加えて、「なぜ、なんで」ということにも注意しながら覚えていくことが大切です。この理由を問う質問では、選択肢となる理由がいくつか読み上げられて、その中から選んで記号を書くという、独特の形式になっていることにも注意が必要です。この形式の問題では、選択肢を見ながら答えを考えることができません。このような特徴をふまえた上で取るべき対策は、「聞き取る力の向上」です。具体的には、登場人物、出来事、理由など問われやすいポイントを確実に聞き取る力、お話や指示を最後まで聞き取ってから答えを判断する力が身に付くように、目標を決めて読み聞かせや問題練習に取り組みます。例えば、「出来事を聞き逃さない」という目標の日は、読み終わった後で出来事に関する質問をしたり、出来事に関する設問への評価を高くしたりするなどの工夫をするとよいでしょう。大切なのは目標をもって課題に取り組むことなので、負荷をかけすぎないように注意し、お子さまの反応を見ながら進めてください。

【おすすめ問題集】
　　1話5分の読み聞かせお話集①②、お話の記憶　初級編・中級編、
　　Jr・ウォッチャー19「お話の記憶」

問題20　分野：図形（図形の構成）　　観察　集中

〈 準 備 〉　鉛筆

〈 問 題 〉　左の絵の形を作るのに必要な積み木を、右の絵の中から選んで〇をつけてください。

〈 時 間 〉　1分

〈 解 答 〉　下図参照

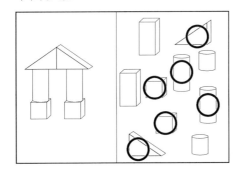

[2018年度出題]

 学習のポイント

図形の構成の問題では、お手本の図形を、小さな図形の集合としてとらえる力が求められています。また、本年度は平面図形ではなく、積み木を使った問題となりました。お手本をよく見て、使われている積み木を、1つひとつ確認していく観察力も観点と考えられます。この分野の問題では、小さな図形、特に三角形を組み合わせた時にできる形を何種類も知っていると、スムーズに答えを出すことができます。タングラムなどの正三角形、直角三角形のパズルを2つ用意して、それぞれの辺を合わせてみてください。四角形になったり、大きな三角形ができたりすることを、体験的に理解させておくとよいでしょう。積み木のような立体の場合には、組み合わせのバリエーションはもっと増えます。練習問題に取り組む時も、先に三角形の組み合わせの部分を考えるようにすると、残りの形がわかりやすくなります。考え方が身に付いた上で練習問題をこなすことで、より一層理解度が進みます。

【おすすめ問題集】
　　Ｊｒ・ウォッチャー9「合成」、16「積み木」、54「図形の構成」

問題21　　分野：数量（選んで数える・一対多の対応）　　　　観察 集中

〈準　備〉　鉛筆

〈問　題〉　バラバラに散らばっている長靴と靴を片付けます。正しく片付けられている絵に、○をつけてください。

〈時　間〉　20秒

〈解　答〉　○：1番下

[2018年度出題]

 学習のポイント

数量の問題です。当校の入試問題では、食器や手袋などの1組・1対で使うことが多いものを数える問題が、例年出題されています。この問題では、10程度の数を正確に数える力はもちろんのこと、「靴は左と右の2個で1足」のように、1組・1対のものをまとめてとらえる常識の有無も観られています。その点では、常識分野の問題の1種とも言えます。しかし、そのような意味付けを過度にする必要はありません。当校のように、応募者が多く高倍率の学校では、「指示を正確に聞き取ること」「1つひとつの作業を正確に行うこと」、つまり正確さが合否のポイントになります。試験の場でどんなに緊張していても、保護者の方と離れて不安な時でも、ふだんと同じような正確さを保てるようになることを目指してください。数量分野で練習する場合は、時間を計って急がせてみたり、保護者の方が途中で席を外したりするなどの工夫をしてみるのもよいでしょう。

【おすすめ問題集】
　　Ｊｒ・ウォッチャー37「選んで数える」、42「一対多の対応」

〈準 備〉　鉛筆

〈問 題〉　①左上の絵を見てください。外国人のお友だちが、砂場でどのように遊んでい
　　　　　　いかわからずに困っています。この時、外国人のお友だちに、何と言えばよ
　　　　　　いと思いますか。「いっしょに遊ぼうよ」だと思う人は「○」を、「スコッ
　　　　　　プを貸してあげるよ」だと思う人は「△」を、「遊ぼうと言ってくれないの
　　　　　　で怒る」だと思う人は「×」を、右上の四角に書いてください。
　　　　　②右上の絵を見てください。お部屋で遊んでいたら、ジュースをこぼして、
　　　　　　服を濡らしてしまいました。この時、どうすればよいと思いますか。「1人
　　　　　　で着替える」だと思う人は「○」を、「お母さんに着替えさせてもらう」だ
　　　　　　と思う人は「△」を、「服を脱いで、着替えずに遊ぶ」だと思う人は「×」
　　　　　　を、右上の四角に書いてください。
　　　　　③左下の絵を見てください。道で車イスの人とすれ違ったらどうしますか。そ
　　　　　　のままだとぶつかります。「声をかけずに遠回りする」だと思う人は「○」
　　　　　　を、「どいてあげる」だと思う人は「△」を、「気にせずにそのまま歩く」
　　　　　　だと思う人は「×」を、右上の四角に書いてください。
　　　　　④右下の絵を見てください。お友だちと積み木で遊んでいます。お友だちの積
　　　　　　み木が少ししかありません。この時、どうすればよいと思いますか。「違う
　　　　　　遊びをしようと声をかける」だと思う人は「○」を、「気にしないで積み木
　　　　　　を作る」だと思う人は「△」を、「自分の積み木を分けていっしょに遊ぶ」
　　　　　　だと思う人は「×」を、右上の四角に書いてください。

〈時 間〉　各15秒

〈解 答〉　省略

［2018年度出題］

 学習のポイント

さまざまな場面で取るべき行動に関する、常識問題です。当校では、お友だちや身近な人
たち、特に外国人とのコミュニケーションに関する質問が例年出題されています。この点
において、外国人だからといって特別な対応が求められているわけではありません。むし
ろ、いつもと変わらない接し方をできるかどうかが観られています。また、本問の課題で
は、一般的な正解以外にも、お子さまにとって正しいと考えられるものがあります。一般
的に正しいと思われるものを選んでも、また、それ以外のものを選んだとしても、お子さ
まに必ず理由を説明させてください。判断した理由が妥当なものであれば、正解とした上
で、一般的な判断についての説明を補うとよいでしょう。

【おすすめ問題集】
　Ｊｒ・ウォッチャー29「行動観察」、56「マナーとルール」

〈準 備〉　鉛筆、ドアをノックする音が録音された音源、再生装置

〈問 題〉　①１番上の段を見てください。この中で、育つと１番大きくなる野菜はどれで
　　　　　　　すか。選んで○をつけてください。
　　　　　　②真ん中の段を見てください。この中で、土の中で育つ野菜はどれですか。選
　　　　　　　んで○をつけてください。
　　　　　　③１番下の段を見てください。今から音が鳴ります。その音が鳴っている絵を
　　　　　　　選んで、○をつけてください。
　　　　　　（ドアをノックする音を再生する）

〈時 間〉　各15秒

〈解 答〉　①右から２番目（スイカ）　　②右端（ダイコン）　　③左から２番目

[2018年度出題]

 学習のポイント

　当校の常識分野の問題は、理科、言語、生活常識などから、幅広く出題されています。身
の回りのことがらに関する出題が多く、難易度はそれほど高くありませんので、小学校入
学前のお子さまとしての基本的な知識が身に付いているかどうかが観られていると思われ
ます。このような知識は、日常生活とつながっているものがほとんどです。ふだんの生活
の中で知らないものがあった場合は、その都度教えていくとよいでしょう。その一方で、
本や映像資料などを使用して、知識を増やしていくことも進めてください。その際には、
ものの名称のほかに、特長や使い方、季節など、付随する情報を加えるようにしていく
と、試験に向けて効率よく知識を身に付けることができます。

【おすすめ問題集】
　　Ｊｒ・ウォッチャー27「理科」、34「季節」、55「理科②」

〈 準 備 〉 わりばし

〈 問 題 〉 **この問題の絵を参考にしてください。**
※この問題は4人程度のグループで行う。
①グループのメンバーで2人組を作り、わりばし運び競争をします。
②ペアになったお友だちと2人で、片手のひとさし指でわりばしを片方ずつは
　さんだら、向こうの机のところまで運びます。
③机の上にわりばしを置いたら、青い線の上の通ってスタートまで戻り、次の
　人にタッチします。わりばしを落としてしまった時は、その場所からもう1
　度やり直してください。
④「やめ」と言うまで続けてください。最後にわりばしをたくさん運んだチー
　ムの勝ちです。
※2人組の組み合わせを変えながら、4回ほど行う。

〈 時 間 〉 適宜

〈 解 答 〉 省略

[2018年度出題]

 学習のポイント

行動観察の課題では、お友だちと協力してわりばし運び競争を行いました。ひとさし指で
わりばしをはさむこと自体が難しいのに加えて、ゴールまで運び、ほかのチームと競争す
る、組み合わせを変えるなどの指示が、課題をさらに難しくしています。難しい課題だけ
に、ペアになったお友だちと短い時間で息を合わせることができるか、また、失敗した時
の振る舞いなどが観られていると考えられます。過去の行動観察では本年度ほど難しい課
題はありませんでした。ですから、指示をよく聞いて、積極的に参加する姿勢を大切にし
てください。年齢相応の協調性やコミュニケーション力があれば、それほど難しいことで
はないでしょう。その上で、難しい課題が出された場合にも対応できるように、お子さま
の手にあまるような、難しい課題を与えて、失敗から学ぶような練習も、加えてみてくだ
さい。

【おすすめ問題集】
　Ｊｒ・ウォッチャー－29「行動観察」

問題25 分野：面接・口頭試問 聞く 話す

〈準備〉 あらかじめ、問題25の絵を枠線に沿って切り、カードを作っておく。

〈問題〉 ※３名ずつのグループで行われます。
・あなたの名前を教えてください。
・お母さんと、ふだん何をして遊んでいますか。
・どんな時に、お母さんはあなたを抱っこしてくれますか。
・（いろいろな顔のカードを見せて）
　この絵は、どんな時の顔ですか。
　（答えに合わせて）
　どうしてこの顔になったと思いますか。
　じゃあ、どうやって、この子を誘って遊びますか。
　じゃあ、どうやって、この子を慰めますか。
・（ほかの絵のカードを見せて）
　これは何ですか。

〈時間〉 適宜

〈解答〉 省略

[2018年度出題]

 学習のポイント

口頭試問では、受験者が３名１組のグループに分けられ、１教室に２グループが入り、それぞれのグループに先生が１人ずつついて行われました。質問は、家庭環境や親子の関わりに関する簡単なものでした。質問内容に対しては、取り繕わずに素直に答えればよいでしょう。その際の答え方として、「はい、○○です」とはっきり答えられるように練習をしておきましょう。また、カードを使った質問は、常識分野と共通する部分が多く、答えに対してさらに質問をされる形式で進められました。ふだんの練習の際にも、「もう少し詳しく教えて」「じゃあ、どうすればいいと思う」などと、試験を意識した質問を加えてみてください。

【おすすめ問題集】
　面接テスト問題集、新口頭試問・個別テスト問題集

問題26 分野：巧緻性 聞く 話す

〈準備〉 Ａ４サイズの白い箱、大きめの白い布（２枚）、おはじき（50個程度）

〈問題〉 この問題の絵はありません。
①白い布の上におはじきを並べて、乗りもの（動物）を作ってください。
②何を作ったのか、発表してください。
③おはじきを箱に入れ、布もたたんで箱に入れてください。

〈時間〉 10分

〈解答〉 省略

[2018年度出題]

布を敷いた上に、おはじきを並べて形を作ります。男子は「乗りもの」、女子は「動物」が課題でした。用意されたおはじきの中に、思い通りの色のものがあるとは限りませんので、色よりも形で特徴が伝わるものを作れるとよいでしょう。このような課題では、上手に作れないことよりも、何を作るのか決められなくて困ってしまうことが多いです。乗りもの、動物、花などについては、試験の時に特に指定がないならば、作るものをあらかじめ、２種類程度決めておいてください。すぐに制作に取りかかれるので、その分余裕を持って課題に取り組むことができるようになります。

【おすすめ問題集】
　　Ｊｒ・ウォッチャー25「生活巧緻性」

問題27　分野：お話の記憶　　　　　　　　　　　　　　　　　　　聞く 集中

〈準　備〉　鉛筆

〈問　題〉　お話を聞いて後の質問に答えてください。
　　　　　キツネさんとクマさんとウサギさんはお祭りに行くことにしました。お祭りの会場に着くとクマさんが「最初にかき氷屋さんに行こうよ」と言いました。ウサギさんは「私はわたあめ屋さんに行きたいな」と言いました。キツネさんは「たこ焼きが食べたい！」と言いました。３人はどのお店に最初に行くかで言い争っていましたが、しばらくして、クマさんが「しょうがないな。ぼくは２番目でいいよ」と言いました。それを聞いてウサギさんが「じゃあ私は最後でいいわ」と言いました。キツネさんは「譲ってくれてありがとう」と言って、自分が最初に食べたいものを売っているお店に走っていきました。

　　　　　①３人が２番目に行ったお店で売っている食べものはどれですか。正しいものを上の段から選んで、○をつけてください。
　　　　　②最初に行ったお店でキツネさんはどんな気持ちになったと思いますか。下の段の四角に「みんなが自分の言うこと聞いてくれてうれしい」だったと思う人は「○」を、「次はほかの人に順番を譲ろう」だったと思う人は「△」を、「次は１人でお祭りに行こう」だったと思う人は「×」を書いてください。

〈時　間〉　各30秒

〈解　答〉　①かき氷（左端）　　②省略

[2017年度出題]

 **学習のポイント**

お話はそれほど長くありませんが、設問の①②ともに直接的な表現がないという点が少しわかりにくいかもしれません。また、②は登場人物の気持ちを答える問題です。特に間違いという選択肢はありませんが、相手の気持ちを考える時は、できるだけ客観的に考えられるとよいでしょう。当校の入試は「年齢相応の常識・コミュニケーション能力があるか」という観点で行なわれています。「入学してから、スムーズに学校生活が送れるか」という点をチェックしているのです。基礎的な問題を中心とした出題傾向でもわかるように、特別なハウツーが必要な問題はあまり出題されていません。対策学習が必要ないということではありませんが、机上の学習に偏らず、生活で「年齢相応の常識」を身に付けることを重視してください。

【おすすめ問題集】
　　１話５分の読み聞かせお話集①②、　お話の記憶　初級編・中級編、
　　Ｊｒ・ウォッチャー19「お話の記憶」

問題28　分野：常識（マナー）　　　　　観察 公衆

〈準 備〉　鉛筆

〈問 題〉　①お友だちの家で外国人のお友だちと「すごろく」をしました。外国人のお友だちはルールがよくわからなくて困っています。外国人のお友だちに何と言うとよいと思いますか。「ルールを覚えてね」だと思う人は「○」を、「ルールを教えてあげる」だと思う人は「△」を、「別々に遊ぼう」だと思う人は「×」を書いてください。
　　　　　②電車の座席が空いていなかったので、立っていたら疲れてしまいました。あなたならどうしますか。「床に座る」だと思う人は「◎」を、「空いている席を探す」だと思う人は「○」を、「我慢する」だと思う人は「△」を、「お家の人におんぶしてもらう」だと思う人は「×」を書いてください。

〈時 間〉　30秒

〈解答例〉　①△　②△

学習のポイント

外国人とのコミュニケーションに関する問題は当校で例年出題されていますが、相手が「外国人」という点以外は通常のマナーの問題と何の違いもありません。ふだんから、相手を思いやるように指導しておけば、相手が外国人でも、年長の人であっても、自然に接することができるでしょう。本校の志願者に対して求められているのは、小学生になるにあたって必要とされるごく当たり前の対応です。特別なことと考えて、構えないほうがよいでしょう。②はマナーと言うよりも、どのような躾が行なわれているかという観点です。公共の場での振る舞いについては、日頃から気を付けるようにしておくとよいでしょう。

【おすすめ問題集】
　Ｊｒ・ウォッチャー29「行動観察」、30「生活習慣」、56「マナーとルール」

問題29　分野：常識（理科・生活）　　　　　　　　　　　　観察　知識

〈準　備〉　鉛筆

〈問　題〉　①花にとまる虫はどれですか。上の段から選んで〇をつけてください。
　　　　　　②今朝のごはんは何でしたか。下の段から選んで〇をつけてください。

〈時　間〉　30秒

〈解　答〉　①右から2番目（ハチ）　②省略

[2017年度出題]

 学習のポイント

常識分野の①は理科、②は生活に関する出題です。当校の入試では、日常生活を通して学ぶこと、「常識」を備えていることを重要視しています。言い換えれば、保護者の方の考え方や行動を含めた家庭環境を観点としているとも言えるでしょう。これからの入試でもこの傾向は続くと思われますから、机上の学習だけではなく、生活の中でお子さまの知識と考え方を指導するようにしてください。なお、②は特に不正解というものはありません。ただし、お菓子を朝食に食べると書くと、そのような家庭環境だと判断される可能性がある、ということは覚えておいてください。

【おすすめ問題集】
　Ｊｒ・ウォッチャー11「いろいろな仲間」、27「理科」、30「生活習慣」、
　55「理科②」、56「マナーとルール」

問題30 分野：図形（図形の構成） 観察 考え

〈準 備〉 鉛筆

〈問 題〉 左の見本の形を作るのに、右の5つの形の中から4つを選んで組み合わせます。使わないものに○をつけてください。

〈時 間〉 5分

〈解 答〉 ①右から2番目　②左から2番目

[2017年度出題]

 学習のポイント

図形の構成の問題では、1つの図形が、小さな図形を組み合わせることで作られていることが、感覚的にわかっているかが観られます。慣れないうちは難しい問題ですので、最初は紙を切り抜いた図形を使い、それを切り分けて操作しながら、感覚をつかんでいくことが肝心です。なによりも図形に親しむことで、さまざまな図形を楽しみながら覚えることができます。ある程度慣れてきたらパズルなどを使用したり、遊び感覚でできるトレーニングをすると、お子さまのやる気を保つことができるでしょう。

【おすすめ問題集】
　Jr・ウォッチャー45「図形分割」、54「図形の構成」

問題31 分野：運動テスト 聞く 協調

〈準 備〉 鉛筆

〈問 題〉 **この問題の絵はありません。**
①準備体操（模倣体操）
　「PPAP」の曲に合わせて、お手本通りに踊る。
②ケンケンパー
　スタートからケンパで往復する。折り返しの線は必ず両足で踏む。
③紙皿の上に片足をのせ、1回転する。
　終わったら元の場所に戻って体操座りをして待つ。
※体育館に入場する際は、靴底を雑巾で拭く。

〈時 間〉 適宜

〈解 答〉 省略

[2017年度出題]

 **学習のポイント**

準備体操は、上手に踊れるかどうかを見るものではありません。子どもらしく元気に体を動かすことができれば充分です。体育館に入る前に雑巾で靴底を拭うことについては、具体的な指示があったわけではなく、雑巾が体育館の入口に置いてあるだけです。これを無視して入ると、テスターから「雑巾で靴底を拭きなさい」という注意があったそうです、基本的なマナーとして身に付けておきましょう。運動そのものに関しても年齢相応の体力があるかということと、指示が理解できているかを観るもので、特に準備の必要はありません。

【おすすめ問題集】
新運動テスト問題集、Ｊｒ・ウォッチャー28「運動」

問題32 分野：行動観察（集団）　　　　　　　　　　　　協調 聞く

〈準 備〉 紙コップ（20個程度）、紙のボール、イス

〈問 題〉 **この問題は絵を参考にしてください。**
※この問題は４人程度のグループで行う。
①（問題32のイラストを参考にして）紙コップを台の上に積み上げる。
②積み上げたら、その正面に縦１列で並び、合図があったら、紙のボールを、積み上げた紙コップに向かって１人ずつ投げる。
③少しでも的が崩れたら再度積み上げ、次に並んでいる人が紙のボールを投げる（全員がボールを投げるまで繰り返し）。

〈時 間〉 適宜

〈解 答〉 省略

[2017年度出題]

 学習のポイント

行動観察の課題では、集団の中でどのように振る舞うかを通して、１人ひとりの協調性、積極性などが観られます。本問では、準備をする際に指示がありますから、それにしたがっていれば問題ありません。そのうえで、積極的に参加し、自分の意見も主張しつつ、人の意見や希望も尊重できる程度のコミュニケーションの能力があれば、なおよいでしょう。協調性やマナーについては、なぜそのようにすべきなのかを考えさせるようしてください。お子さま自身が納得して身に付けていくことができます。

【おすすめ問題集】
Ｊｒ・ウォッチャー29「行動観察」

問題33 　分野：行動観察（個別テスト）　　　　　　　　　　　　　　　　　協調 聞く

〈 準 備 〉　なし

〈 問 題 〉　この問題の絵はありません。
　　　　　　（『３匹の子ブタ』の絵本を見せて）「先生が子ブタの役をするのでオオカミ
　　　　　　になって台詞を言ってください。」（テスターが）「こわいよー、どうしよ
　　　　　　う」と言った後に志願者がオオカミ役として何か台詞を言う。

〈 時 間 〉　適宜

〈 解 答 〉　省略

[2017年度出題]

 学習のポイント

口頭試問の１つとして出題された課題です。絵本に書かれているオオカミの台詞は「ふ
ー、ふーのふーで家をふきとばしてやる」で、もちろんこれを言って構いません。当校の
個別テスト（口頭試問）ではこうした課題が例年出ますが、年齢相応の身体表現や想像力
を観るためのもので、独創性を要求するものではありません。相手の意図を汲み取って積
極的に対応すれば特に問題ありませんから、話を聞いていなかったり、要求されたことを
拒否しなければ特に減点されないということです。多くの志願者がいるので、無意識に目
立とうするお子さまもいるかもしれませんが、突飛な行動だけはとらないようにしましょ
う。

【おすすめ問題集】
　　面接テスト問題集、新口頭試問・個別テスト問題集、
　　Ｊｒ・ウォッチャー－29「行動観察」、１話５分の読み聞かせお話集①②

　　　　　　　　　　　　　　　　　　聞く　話す

〈 準 備 〉　なし

〈 問 題 〉　<mark>この問題の絵はありません。</mark>
　　　　　※３名ずつのグループで行われます。
　　　　　・あなたの名前を教えてください。
　　　　　・お母さんは本を読んでくれますか。
　　　　　・（「はい」の場合）それはどのような本ですか。
　　　　　・（「いいえ」の場合）それはなぜですか。

〈 時 間 〉　適宜

〈 解 答 〉　省略

[2017年度出題]

 学習のポイント

例年よりも質問数は少なかったようですが、家庭環境やふだんのくらしについて質問され
傾向に変化はありません。試験に臨むお子さまには、「質問をよく聞いて、よく考えてか
ら答える」「ウソをいったりしない」という２つのことだけを伝えるようにしましょう。
この２つのことを守っていれば、「コミュニケーション能力がある」「素直な性格であ
る」というよい評価につながりやすくなります。口頭試問の最も有効な対策は、取り繕っ
た準備をすることではなく、ふだんから生活を整え、その姿を堂々と見せることです。

【おすすめ問題集】
　　面接テスト問題集、新口頭試問・個別テスト問題集

問題35　分野：巧緻性　　　　　　　　　　　　　　　　　　　　　　　　　　　集中

〈 準 備 〉　折り紙（７～８枚）、色鉛筆（12色）、ケース、箱、タオル

〈 問 題 〉　<mark>この問題の絵はありません。</mark>
　　　　　※折り紙、色鉛筆、（たたまない状態の）タオルを箱の中にランダムに配置して
　　　　　　おく。
　　　　　「箱に入っているものをきれいに片付けてください」

〈 時 間 〉　１分

〈 解 答 〉　省略

[2017年度出題]

 学習のポイント

箱の中に入っているものを片付けるという課題です。観点としては「ちらかっているものを整理した」という体験に、比重が高く置かれていると考えてください。もちろん、折り紙や色鉛筆をきれいに並べたり、手際よく片付けることも評価要素の１つにはなるでしょうが、年齢相応のことができていれば減点はされないでしょう。当校入試では「過去に汚れている皿をきれいに拭う」「紙に開けられた穴にひもを通す」などの巧緻性を観る課題が出題されています。いずれも、生活の一場面で必要な行動で、入学してからの適応力をうかがっているのはあきらかです。この種のことは、対策のためにわざわざ練習するというよりは、思わぬ課題であっても対応できるだけの生活体験を積むことが最も効果的です。

【おすすめ問題集】
　　Ｊｒ・ウォッチャー25「生活巧緻性」

問題36　分野：お話の記憶　　　　　　　　　　　　　　　　聞く 集中

〈準　備〉　鉛筆

〈問　題〉　お話を聞いて後の質問に答えてください。
　　　　　　キツネさんとクマさんとウサギさんは、山に登ることにしました。お昼ごはんにクマさんはお肉、キツネさんは魚、ウサギさんはニンジンを食べました。お昼ごはんを食べた後、みんなで遊ぶことにしました。
　　　　　　みんなで木に登って遊んでいると、キツネさんが足を滑らせて下に落ちてしまいました。「いててて」キツネさんはどうやら足をひねってしまったようです。ウサギさんが手当てをしてあげると、もう日が暮れて、帰る時間になりました。クマさんが「キツネさん、歩けますか」と聞くと、キツネさんは「大丈夫、歩けるよ」と答えました。クマさんは「キツネさんの荷物は僕が持ってあげよう」と言いました。ウサギさんは「そうしましょう」とニッコリ笑って言いました。
　　　　　　動物たちは、山道をゆっくりとお家の方へ帰って行きました。

　　　　　　①動物たちが食べなかったものはどれですか。正しいものに〇をつけてください。
　　　　　　②動物たちが帰る様子を絵にしました。正しいものに〇をつけてください。

〈時　間〉　各30秒

〈解　答〉　①右（カキ）　②左

[2016年度出題]

学習のポイント

当校で例年出題されるお話の記憶の問題は、短めのお話で、問題も難しいものではありません が、印象深い出来事が少ないので、自分なりに情景を頭の中で思い描いておく必要が あります。日頃の読み聞かせの時にそのような習慣を身に付けましょう。短いお話から始 めて「誰が」「何を」「どんな」と簡単な質問を繰り返し、お子さまの記憶をはっきりと させていきます。この繰り返しをすることによって、「情報を自分で整理しながら聞く」 という、物語の上手な聞き方ができるようになっていきます。なお、②は直接お話に描写 のない出来事です。前後の会話から推測することで、答えを導きます。当校ではこのよう な形の質問や常識問題や数量の問題など、ほかの分野の問題を挟み込むことがありますの で注意しておきましょう。

【おすすめ問題集】
　　1話5分の読み聞かせお話集①②、　お話の記憶 初級編・中級編、
　　Jr・ウォッチャー19「お話の記憶」

問題37　分野：常識（マナー）　　　　　　　　　　　　　　　観察 公衆

〈 準 備 〉　鉛筆

〈 問 題 〉　①お友だちの家に行ったら外国人のお友だちがいました。あなたなら、外国 人のお友だちとどのように遊びますか。上の段から選んで○をつけてくださ い。
　　　　　　②学校で外国人のお友だちが本を読んでいました。あなたもその本を読みたく なった時、どうしますか。下の段から選んで○をつけてください。

〈 時 間 〉　30秒

〈解答例〉　①真ん中　②左

[2016年度出題]

 学習のポイント

当校の卒業生は、国際教育を行う系列校に進学するケースが多いので、こういった常識問 題が例年出題されています。内容的には、相手が外国人であるからといって特別な知識や 考え方を要求されるものではなく、生活の1コマにおけるコミュニケーションについて聞 く内容と言えるでしょう。相手に気を配るという点では何ら変わりがありませんから、特 別な対策は必要ありません。保護者の方はお子さまにこの点を説明して、ふだん通りの行 動を選ぶように指導してください。もちろん、相手の文化的背景や習慣が違えば、コミュ ニケーションの取り方も変わる場合がありますが、こちらから行動するという積極性が必 要なこと以外は、通常の内容と何ら変わりないことを強調してください。なお、①では 「一緒におもちゃ（ブロック）で遊ぶ」、②では「読み終わったら貸してもらう」を解答 例としていますが、お子さまが納得の行く理由を説明できればほかの答えでも正解として ください。

【おすすめ問題集】
　　Jr・ウォッチャー29「行動観察」、30「生活習慣」、56「マナーとルール」

〈 準 備 〉　鉛筆

〈 問 題 〉　①ダンゴムシを触るとどうなりますか。上の段から選んで、○をつけてください。
　　　　　②駅のホームでは、どのように電車を待ちますか。正しいものを真ん中の段から選んで、○をつけてください。
　　　　　③「はく」ものはどれですか。下の段から選んで、○をつけてください。

〈 時 間 〉　30秒

〈 解 答 〉　①右端　②右端　③右から２番目

[2016年度出題]

学習のポイント

　常識分野の出題で①は理科、②はマナー、③は生活と言語に関する出題です。当校の入試では、常識分野の問題が毎年幅広く出題され、当校が生活体験を重要視していることがよくあらわれています。こういった問題に答えるための知識は、日常生活を通して保護者の方や周囲の大人から学ぶべきものです。②のようなマナーに関する問題は、保護者の方の考え方や行動がお子さまを通してチェックされていると考えてください。入試はお子さまが受けるものですが、電車内や映画館、講演会など、公共の場所で保護者の方がマナー違反をしていれば、そのことがお子さまの答えに表れるのです。①・③のように生活の中で学ぶべきことは、知的好奇心のあるなしに加えて、年齢相応の生活体験を積んでいるかを観るためのものです。ライフスタイルの違いもあって、自然とのふれあいが少ないというお子さまは、同じ分野の類題をこなしたり、積極的に映像や実物を見ることで知識を補ってください。

【おすすめ問題集】
　　Ｊｒ・ウォッチャー11「いろいろな仲間」、18「いろいろな言葉」、
　　27「理科」、30「生活習慣」、55「理科②」、56「マナーとルール」

〈 準 備 〉　鉛筆

〈 問 題 〉　①②（問題39の絵を渡して）
　　　　　左側の見本の形は上の段の△を組み合わせてできています。何枚の△を使うと見本と同じ形になりますか。その数だけ右側の△に○をつけてください。

〈 時 間 〉　各30秒

〈 解 答 〉　①○：5　②○：6

[2016年度出題]

学習のポイント

当校の入試では、図形問題が毎年さまざまな内容で出題されていますから、図形分野の学習は毎日の学習に取り入れて慣れておく必要があります。本問は図形の構成の問題ですが、選択肢の形は全部同じ△で、その△を何個使うと左側の形になるかといった内容です。ふだんの遊びにパズルを取り入れるなどして、お子さまの頭の中で形を組み立てる感覚を持つようにさせましょう。この問題を解く場合も、難しければ線に沿って図形を切り取り、実際に組み立ててみると理解しやすくなります。ただし、あくまで理解するための補助的な手段です。入試までには、問題を見た瞬間にある程度の見当がつくくらいの「イメージする力」を身に付けましょう。

【おすすめ問題集】
　　Ｊｒ・ウォッチャー３「パズル」、45「図形分割」、54「図形の構成」

問題40　分野：数量　　　　　　　　　　　　　　　　　　　観察　考え

〈 準 備 〉　鉛筆

〈 問 題 〉　この中で３人分の食器があるものに〇をつけてください。

〈 時 間 〉　１分

〈 解 答 〉　右から２番目

[2016年度出題]

学習のポイント

数量の問題です。当校の入試問題では、食器や靴・手袋といった、１組・１対で使うことが多いものを複数の人に配るという設定が多く見られます。これを数量分野の中でも「一対多の対応」と呼びますが、当校ではそれほど多くの数については取り扱わないので、数が多くて混乱するということはありません。むしろ、この問題では「茶碗・お椀・箸１組ずつを３人分」ではなく、「３人分の食器」という表現になっていることに注目してください。これは、試験時に説明しなくとも、そういった生活の常識がお子さまに身に付いているという認識が学校にあるということです。常識の問題でも述べましたが、当校の入試全体のテーマは、「年齢相応の常識があり、それをもとに行動することができるか」です。この問題に限らず、ハウツー的な対策よりも基本的な常識が身に付いているかを保護者の方はチェックしてください。

【おすすめ問題集】
　　Ｊｒ・ウォッチャー14「数える」、42「一対多の対応」

東京学芸大学附属大泉小学校　専用注文書

年　月　日

合格のための問題集ベスト・セレクション

＊入試頻出分野ベスト3

1st 常 識	**2nd** 数 量	**3rd** 記 憶
知識　聞く力	観察力　聞く力	集中力　聞く力
思考力	正確さ	

常識分野と口頭試問では、身近な生活体験をふまえて判断する、生活常識、マナーの問題が頻出です。
お話の記憶では、お話の内容を独特な形式で答えるのも、当校の特徴です。

分野	書　名	価格(税抜)	注文	分野	書　名	価格(税抜)	注文
図形	Jr・ウォッチャー3「パズル」	1,500 円	冊	数量	Jr・ウォッチャー38「たし算・ひき算」	1,500 円	冊
図形	Jr・ウォッチャー5「回転・展開」	1,500 円	冊	数量	Jr・ウォッチャー39「たし算・ひき算2」	1,500 円	冊
図形	Jr・ウォッチャー8「対称」	1,500 円	冊	数量	Jr・ウォッチャー42「一対多の対応」	1,500 円	冊
図形	Jr・ウォッチャー9「合成」	1,500 円	冊	図形	Jr・ウォッチャー45「図形分割」	1,500 円	冊
常識	Jr・ウォッチャー12「日常生活」	1,500 円	冊	図形	Jr・ウォッチャー48「鏡図形」	1,500 円	冊
数量	Jr・ウォッチャー14「数える」	1,500 円	冊	図形	Jr・ウォッチャー54「図形の構成」	1,500 円	冊
記憶	Jr・ウォッチャー19「お話の記憶」	1,500 円	冊	常識	Jr・ウォッチャー55「理科②」	1,500 円	冊
巧緻性	Jr・ウォッチャー25「生活巧緻性」	1,500 円	冊	常識	Jr・ウォッチャー56「マナーとルール」	1,500 円	冊
常識	Jr・ウォッチャー27「理科」	1,500 円	冊		新口頭試問・個別テスト問題集	2,500 円	冊
運動	Jr・ウォッチャー28「運動」	1,500 円	冊		面接テスト問題集	2,000 円	冊
観察	Jr・ウォッチャー29「行動観察」	1,500 円	冊		苦手克服問題集　常識編	2,000 円	冊
観察	Jr・ウォッチャー30「生活習慣」	1,500 円	冊		お話の記憶問題集　中級編	2,000 円	冊
常識	Jr・ウォッチャー34「季節」	1,500 円	冊		1話5分の読み聞かせお話集①②	1,800 円	各 冊
数量	Jr・ウォッチャー37「選んで数える」	1,500 円	冊				

	合計		冊				円

（フリガナ）		電　話
氏　名		FAX
		E-mail
住　所 〒　　－		以前にご注文されたことはございますか。
		有　・　無

★お近くの書店、または記載の電話・FAX・ホームページにてご注文をお受けしております。
　電話：03-5261-8951　FAX：03-5261-8953　代金は書籍合計金額＋送料がかかります。
　※なお、落丁・乱丁以外の理由による商品の返品・交換には応じかねます。
★ご記入頂いた個人に関する情報は、当社にて厳重に管理致します。なお、ご購入の商品発送の他に、当社発行の書籍案内、書籍に
　関する調査に使用させて頂く場合がございますので、予めご了承ください。

日本学習図書株式会社
http://www.nichigaku.jp

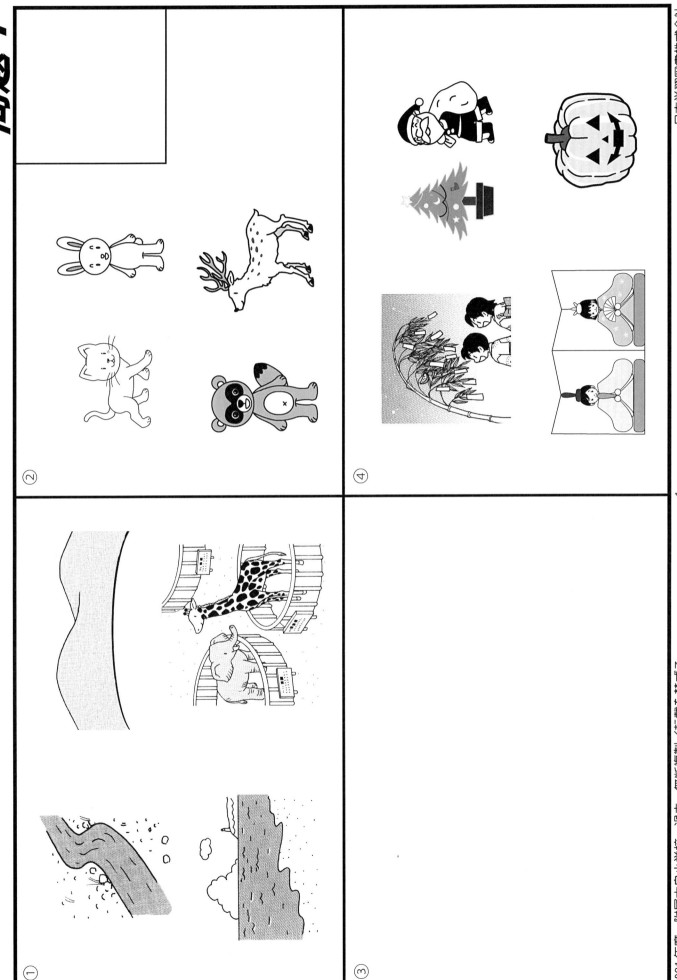

2021年度　附属大泉小学校　過去　無断複製／転載を禁ずる　日本学習図書株式会社

問題2

①

②

2021年度 附属大泉小学校 過去 無断複製／転載を禁ずる 日本学習図書株式会社

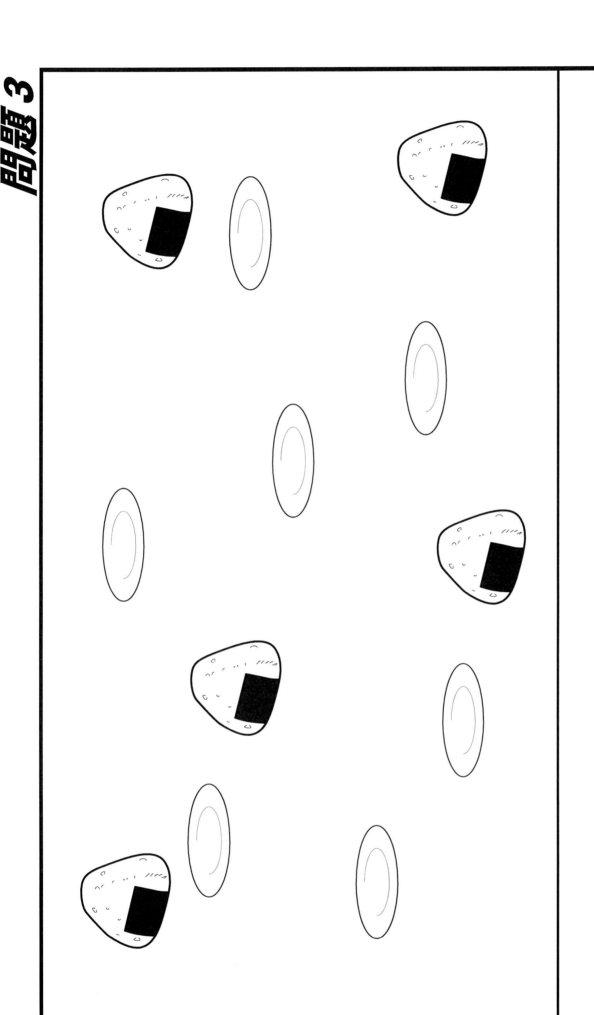

2021年度　附属大泉小学校　過去　無断複製／転載を禁ずる　　日本学習図書株式会社

問題 4

①

②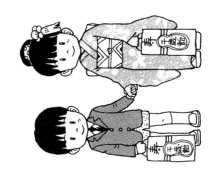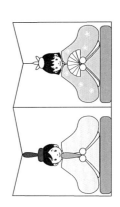

2021年度　附属大泉小学校　過去　無断複製／転載を禁ずる　日本学習図書株式会社

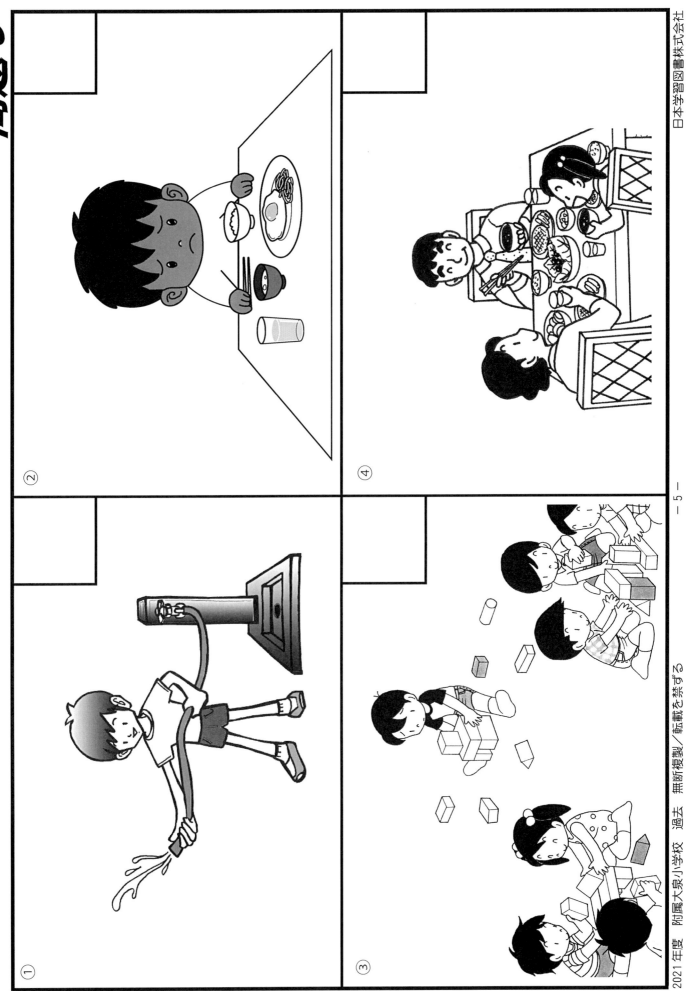

日本学習図書株式会社

2021 年度　附属大泉小学校　過去　無断複製／転載を禁ずる

問題 8

日本学習図書株式会社

2021 年度　附属大泉小学校　過去　無断複製／転載を禁ずる

問題10

① ② ③ ④

- 7 -

2021年度　附属大泉小学校　過去　無断複製／転載を禁ずる　日本学習図書株式会社

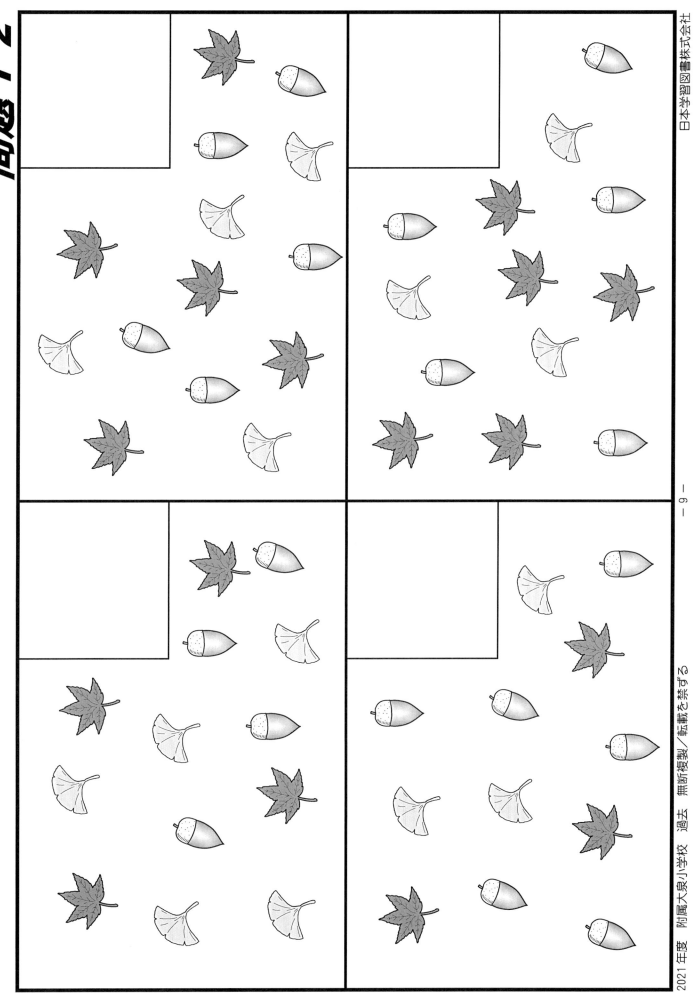

2021 年度　附属大泉小学校　過去　無断複製／転載を禁ずる　　日本学習図書株式会社

問題13

① ② ③

2021年度　附属大泉小学校　過去　無断複製／転載を禁ずる　日本学習図書株式会社

日本学習図書株式会社

2021年度 附属大泉小学校 過去 無断複製/転載を禁ずる

2021年度 附属大泉小学校 過去 無断複製／転載を禁ずる 日本学習図書株式会社

① ② ③

2021年度 附属大泉小学校 過去 無断複製／転載を禁ずる 日本学習図書株式会社

2021年度　附属大泉小学校　過去　無断複製／転載を禁ずる　日本学習図書株式会社

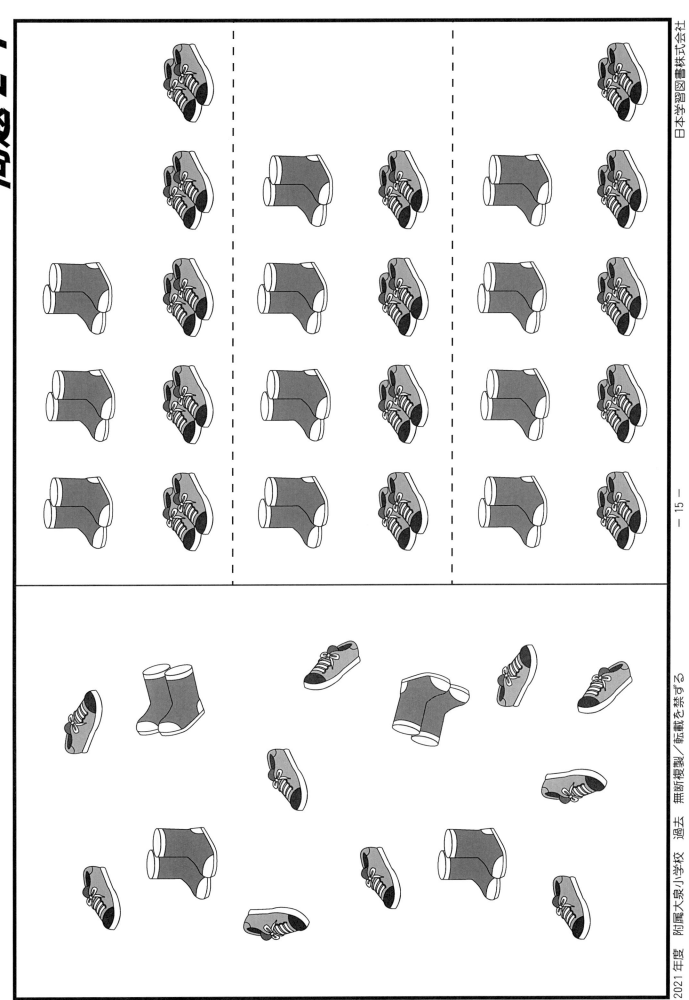

2021 年度　附属大泉小学校　過去　無断複製／転載を禁ずる　日本学習図書株式会社

問題22

日本学習図書株式会社

問題２３

①

②
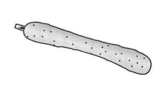
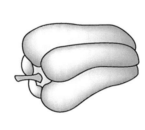
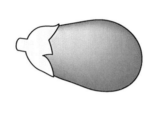
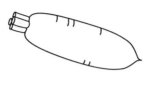

③

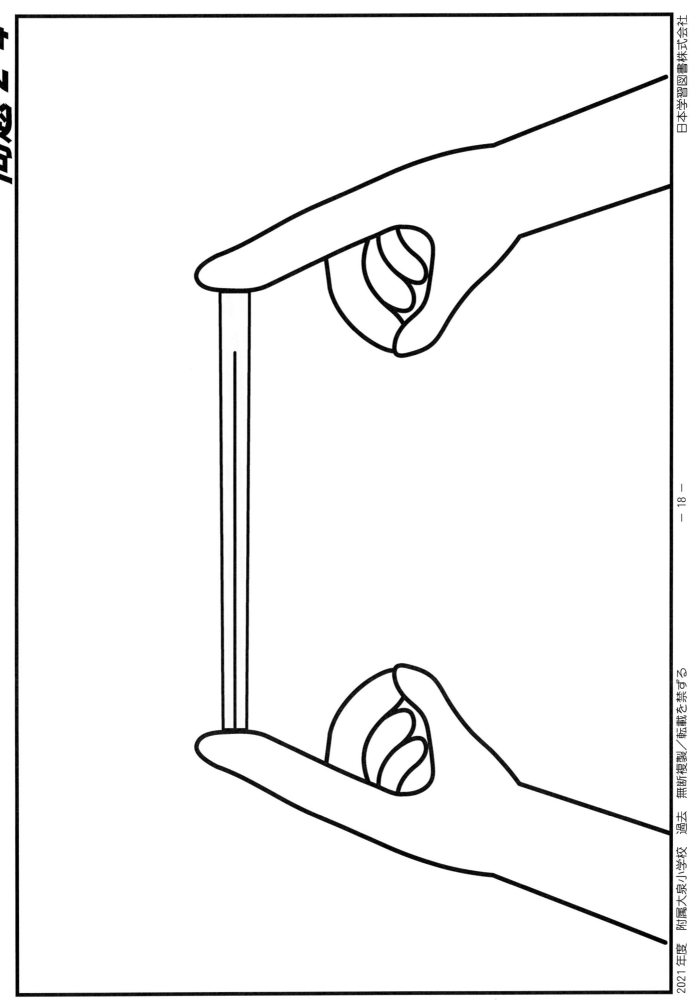

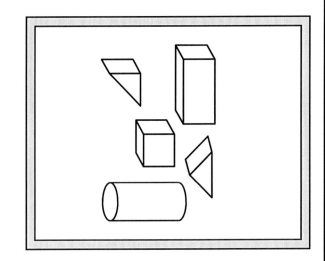

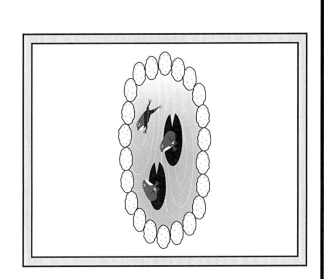

日本学習図書株式会社

2021年度 附属大泉小学校 過去 無断複製／転載を禁ずる

①

②

問題28

①

②

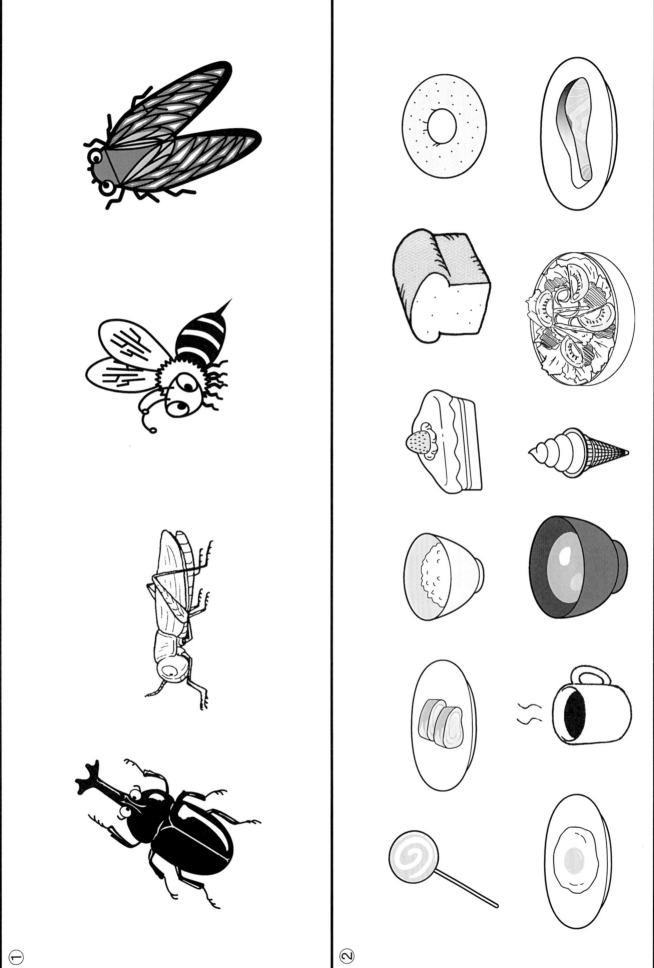

2021年度　附属大泉小学校　過去　無断複製／転載を禁ずる　日本学習図書株式会社

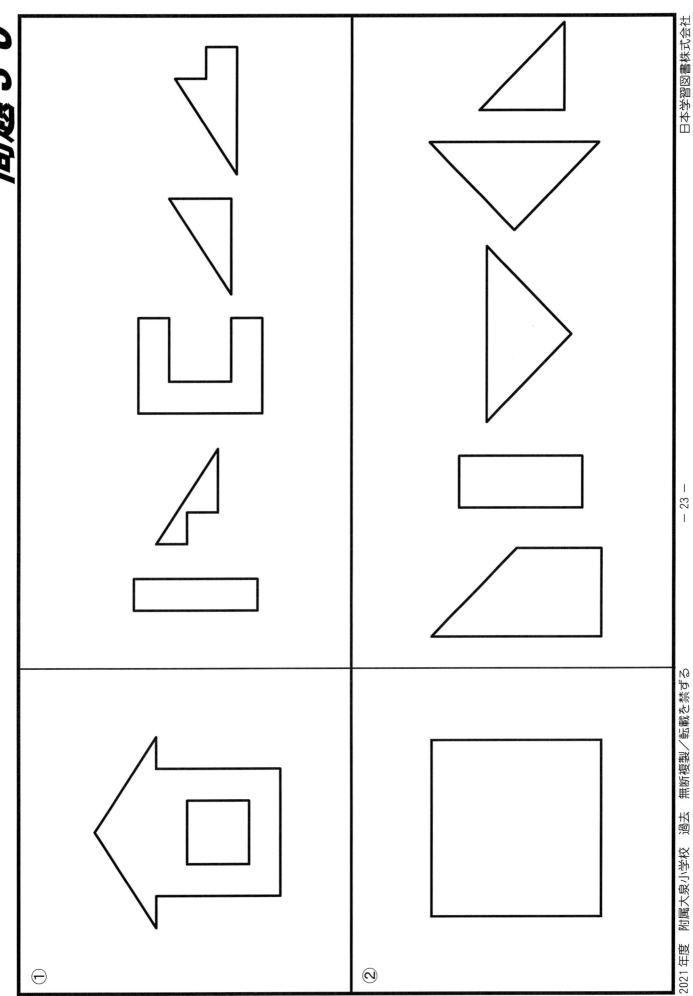

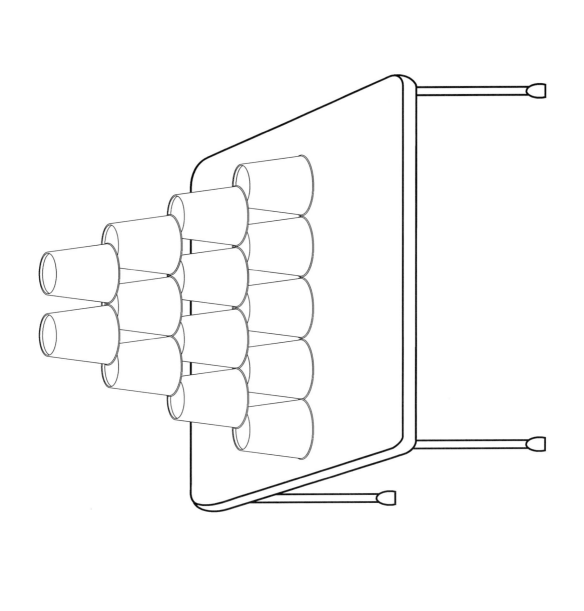

日本学習図書株式会社

問題３６

①

②

2021 年度　附属大泉小学校　過去　無断複製／転載を禁ずる　日本学習図書株式会社

①

②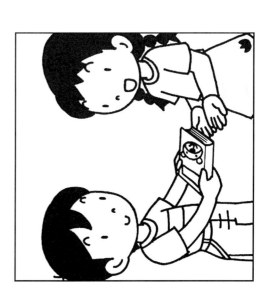

2021年度 附属大泉小学校 過去 無断複製／転載を禁ずる 日本学習図書株式会社

問題３８

①

②

③

2021年度 附属大泉小学校 過去 無断複製／転載を禁ずる　日本学習図書株式会社

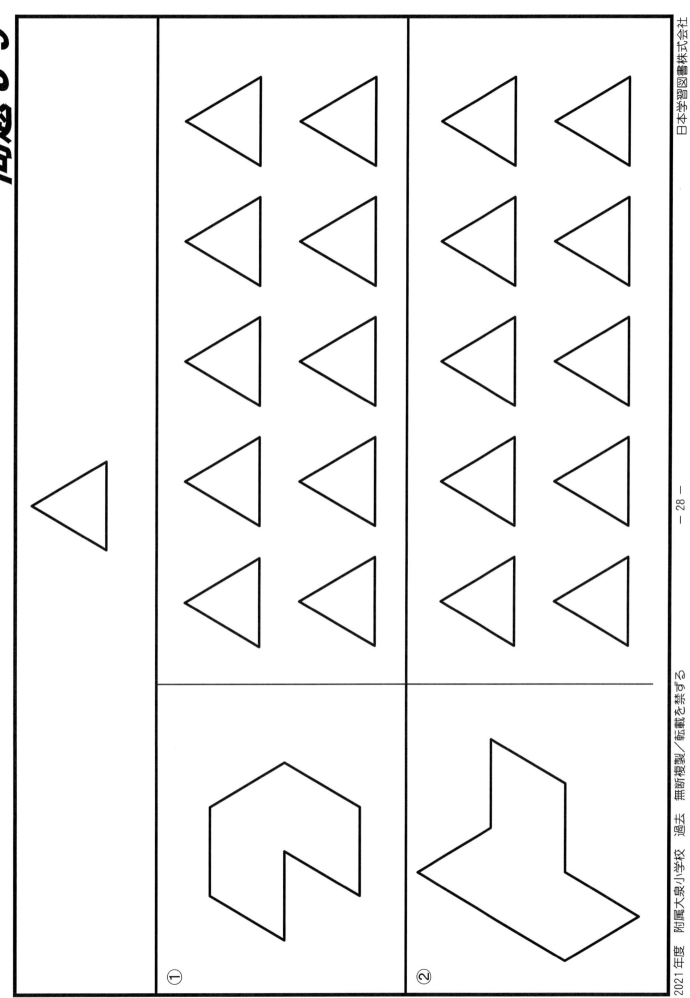

2021 年度　附属大泉小学校　過去　無断複製／転載を禁ずる　　日本学習図書株式会社

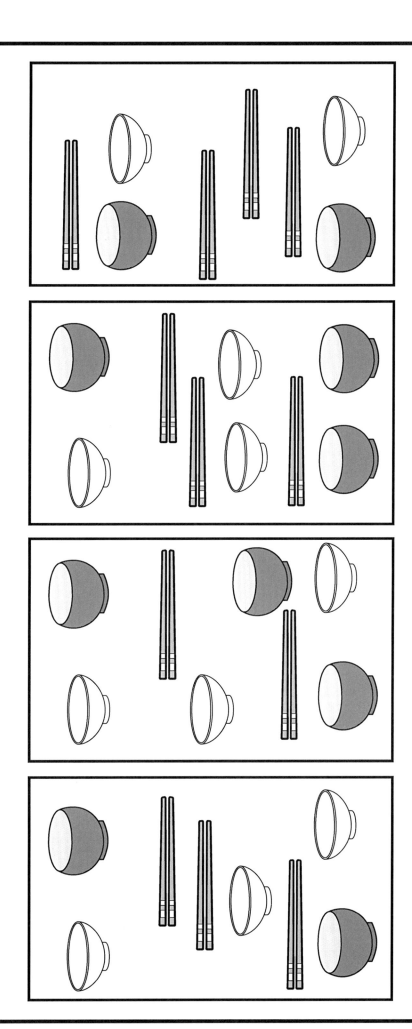

2021 年度　附属大泉小学校　過去　無断複製／転載を禁ずる　　日本学習図書株式会社

分野別 小学入試練習帳 ジュニアウォッチャー

1.	点・線図形	小学校入試で出題頻度の高い「点図形」・「線図形」の模写を、幅広く練習できることができるから段階別に構成。
2.	座標	図形の位置関係を難易度の低いものから段階別に練習できるように構成。
3.	パズル	様々なパズルの問題を難易度の低いものから段階別に練習できるように構成。
4.	同図形探し	小学校入試で出題頻度の高い、同図形選びの問題を繰り返し練習。
5.	回転・展開	図形などを回転、または展開したとき、形がどのように変化するか学習し、理解を深められるように構成。
6.	系列	数、図形などの様々な系列問題を、難易度の低いものから段階別に練習できるように構成。
7.	迷路	迷路の問題を繰り返し練習できるように構成。
8.	対称	対称に関する問題を4つのテーマに分類し、各テーマごとに練習できるように構成。
9.	合成	図形の合成に関する問題を、難易度の低いものから段階別に練習できるように構成。
10.	四方からの観察	もの(立体)を様々な角度から見て、どのように見えるかを推理する問題を段階別に整理し、1つの形式で複数の問題を練習できるように構成。
11.	いろいろな仲間	ものや動物、植物の共通点を見つけ、分類していく問題を中心に構成。
12.	日常生活	日常生活における様々な問題を6つのテーマに分類し、各テーマごとに練習できるように構成。
13.	時間の流れ	「時間」に着目し、様々なものごとは、時間が経過するとどのように変化するのかということを学習し、理解できるように構成。
14.	数える	様々なものを「数える」ことから、数の多少の判定やかけ算、わり算の基礎までを練習できるように構成。
15.	比較	比較に関する問題を5つのテーマ(数、高さ、長さ、量、重さ)に分類し、各テーマごとに問題を段階別に練習できるように構成。
16.	積み木	数える対象を積み木に限定した問題集。
17.	言葉の音遊び	言葉の音に関する問題を、各テーマごとに分類し、様々な問題を練習できるように構成。
18.	いろいろな言葉	表現力をより豊かにするいろいろな言葉として、擬態語や擬声語、同音異義語、反意語、数詞を取り上げた問題集。
19.	お話の記憶	お話を聴いてその内容を記憶、理解し、設問に答える形式の問題集。
20.	見る記憶・聴く記憶	「見て憶える」「聴いて憶える」という『記憶』分野に特化した問題集。
21.	お話作り	いくつかの絵を元にしてお話を作る練習をして、想像力を養うことにより、想像力を養うことを目的とした問題集。
22.	想像画	描かれていない部分を想像し自由に描く、想像力を養う問題集。
23.	切る・貼る・塗る	小学校入試で出題頻度の高い巧緻性の問題を繰り返し練習できるように構成。
24.	絵画	小学校入試で出題頻度の高い巧緻性の問題を、お絵かきやぬり絵などクレヨンやサインペンを用いた問題に分けて段階別に練習できるように構成。
25.	生活巧緻性	小学校入試で出題頻度の高い日常生活の様々な場面における巧緻性の問題集。
26.	文字・数字	ひらがなの清音、濁音、物音、拗音、促音と1~20までの数字を学習できるように構成、練習。
27.	理科	小学校入試で出題頻度が高くなっている理科の問題を集めた問題集。
28.	運動	出題頻度の高い運動問題を種目別に分けて構成。
29.	行動観察	項目ごとに問題提起をし、「このような時はどうか、あるいはどう対処するのか」の観点から問いかける形式の問題集。
30.	生活習慣	学校から家庭に提起された問題と思って、一問一問絵を見ながら話し合い、考える形式の問題集。
31.	推理思考	数、量、言語、常識(合理科、一般)など、諸々のジャンルから問題を構成し、近年の小学校入試問題傾向に沿って。
32.	ブラックボックス	箱や筒の中を通ると、どのようなお約束でどのように変化するかを推理・思考する問題集。
33.	シーソー	重さの違うものをシーソーに乗せて時どちらに傾くのか、またどうすればシーソーは釣り合うのかを思考する基礎的な問題集。
34.	季節	様々な行事や植物などを季節別に分類できるように知識をつける問題集。
35.	重ね図形	小学校入試で頻繁に出題されている「図形を重ね合わせてできる図形」についての問題を集めました。
36.	同数発見	様々な物を数え「同じ数」を発見し、数の多少の判断や数の数を正しく学ぶ問題集。
37.	選んで数える	数の学習の基本となる、いろいろなものの数を正しく数える学習を行う問題集。
38.	たし算・ひき算1	数字を使わず、たし算とひき算の基礎を身につけるための問題集。
39.	たし算・ひき算2	数字を使わず、たし算とひき算の基礎を身につけるための問題集。
40.	数を分ける	数を等しく分ける問題です。等しく分けたときに余りが出るものもあります。
41.	数の構成	ある数がどのような数で構成されているかを学んでいきます。
42.	一対多の対応	一対一の対応から、一対多の対応まで、かけ算の考え方の基礎学習を行います。
43.	数のやりとり	あげたり、もらったり、数の変化をしっかりと学びます。
44.	見えない数	指定された条件から数を導き出します。
45.	図形分割	図形の分割に関する問題集。パズルや合成の分野にも通じる様々な問題を集めました。
46.	回転図形	「回転図形」に関する問題集。やさしい問題から始め、いくつかの代表的なパターンから、段階を踏んで学習できるよう編集されています。
47.	座標の移動	「マス目の指示通りに移動する問題」と「指示された数だけ移動する問題」を収録。平面図形上を指示通りに移動する問題を扱っています。
48.	鏡図形	鏡で左右反転させた時の見え方を考えます。平面図形から立体図形、文字、絵まで。
49.	しりとり	すべての学習の基礎となる「言葉」を学ぶこと、特に「語彙」を増やすことに重点をおき、さまざまなタイプの「しりとり」問題を集めました。
50.	観覧車	観覧車やメリーゴーラウンドなどを舞台にした「回転系列」の問題集。「推理思考」分野の問題ですが、要素として「図形」や「数量」も含みます。
51.	運筆①	鉛筆の持ち方を学び、点と点を結ぶ、お手本を見ながらの模写など、線を引く練習をします。
52.	運筆②	運筆①からさらに発展し、「欠所補完」や「迷路」などを楽しみながら、より複雑な鉛筆運びを習得することを目指します。
53.	四方からの観察 積み木編	積み木を使用した「四方からの観察」に関する問題を繰り返し練習できるように構成。
54.	図形の構成	見本の図形がどのような部分によって形づくられているかを考えます。
55.	理科②	理科的知識に関する問題を集中して練習する「常識」分野の問題集。
56.	マナーとルール	道路や駅、公共の場でのマナー、安全や衛生に関する常識を学べるように構成。
57.	置き換え	さまざまな具体的・抽象的事象を記号で表す「置き換え」の問題を扱います。
58.	比較②	長さ・高さ・体積・数などを練習できるように構成。
59.	欠所補完	線と線のつながり、欠けた絵に当てはまるものなどを求める「欠所補完」に取り組める問題集。
60.	言葉の音(おん)	しりとり、決まった順番の音をつなげるなど、「言葉の音」に関する練習問題集です。

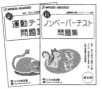

『読み聞かせ』×『質問』＝『聞く力』

ご記入日 　　年 　　月 　　日

☆国・私立小学校受験アンケート☆

※可能な範囲でご記入下さい。選択肢は〇で囲んで下さい。

〈小学校名〉_____　〈お子さまの性別〉男・女　〈誕生月〉___月

〈その他の受験校〉（複数回答可）_____

〈受験日〉①：___月___日 〈時間〉___時___分　〜　___時___分
　　　　②：___月___日 〈時間〉___時___分　〜　___時___分

〈受験者数〉 男女計___名 （男子___名 女子___名）

〈お子さまの服装〉 _____

〈入試全体の流れ〉（記入例）準備体操→行動観察→ペーパーテスト

_____

Eメールによる情報提供

日本学習図書では、Eメールでも入試情報を募集しております。下記のアドレスに、アンケートの内容をご入力の上、メールをお送り下さい。

ojuken@ nichigaku.jp

● **行動観察** （例）好きなおもちゃで遊ぶ・グループで協力するゲームなど

　〈実施日〉___月___日 〈時間〉___時___分　〜　___時___分 〈着替え〉□有 □無
　〈出題方法〉□肉声 □録音 □その他（　　　　　）〈お手本〉□有 □無
　〈試験形態〉□個別 □集団（　　人程度）　　　〈会場図〉
　〈内容〉
　　□自由遊び
　　_____
　　□グループ活動
　　_____
　　□その他
　　_____

● **運動テスト（有・無）** （例）跳び箱・チームでの競争など

　〈実施日〉___月___日 〈時間〉___時___分　〜　___時___分 〈着替え〉□有 □無
　〈出題方法〉□肉声 □録音 □その他（　　　　　）〈お手本〉□有 □無
　〈試験形態〉□個別 □集団（　　人程度）　　　〈会場図〉
　〈内容〉
　　□サーキット運動
　　　□走り □跳び箱 □平均台 □ゴム跳び
　　　□マット運動 □ボール運動 □なわ跳び
　　　□クマ歩き
　　□グループ活動_____
　　□その他_____

日本学習図書株式会社

●知能テスト・口頭試問

〈実施日〉＿＿＿月＿＿＿日〈時間〉＿＿＿時＿＿分　～　　時　　分〈お手本〉□有 □無

〈出題方法〉 □肉声 □録音 □その他（　　　　　　　　）〈問題数〉＿＿＿枚 ＿＿＿問

分野	方法	内　　　　容	詳　細・イ　ラ　ス　ト
（例） お話の記憶	☑筆記 □口頭	動物たちが待ち合わせをする話	（あらすじ） 動物たちが待ち合わせをした。最初にウサギさんが来た。次にイヌくんが、その次にネコさんが来た。最後にタヌキくんが来た。 （問題・イラスト） ３番目に来た動物は誰か
お話の記憶	□筆記 □口頭		（あらすじ） （問題・イラスト）
図形	□筆記 □口頭		
言語	□筆記 □口頭		
常識	□筆記 □口頭		
数量	□筆記 □口頭		
推理	□筆記 □口頭		
その他	□筆記 □口頭		

日本学習図書株式会社